初中数学

数与代数及统计与概率
教学策略与错因分析

陶 俊 吴正强 郭如意◎编著

安徽师范大学出版社

ANHUI NORMAL UNIVERSITY PRESS

·芜湖·

图书在版编目(CIP)数据

初中数学"数与代数及统计与概率"教学策略与错因分析/陶俊,吴正强,郭如意编著. — 芜湖:安徽师范大学出版社,2024.4

ISBN 978-7-5676-6745-7

Ⅰ.①初… Ⅱ.①陶… ②吴… ③郭… Ⅲ.①中学数学课 – 初中 – 教学参考资料 Ⅳ.①G633.603

中国国家版本馆CIP数据核字(2024)第080333号

初中数学"数与代数及统计与概率"教学策略与错因分析

陶　俊　吴正强　郭如意◇编著

责任编辑:管健行　　　　　　责任校对:孔令清　汪　元

装帧设计:王晴晴　冯君君　　责任印制:桑国磊

出版发行:安徽师范大学出版社

　　　　芜湖市北京中路2号安徽师范大学赭山校区　　邮政编码:241000

网　　　址:http://www.ahnupress.com

发 行 部:0553-3883578　5910327　5910310(传真)

印　　刷:江苏凤凰数码印务有限公司

版　　次:2024年4月第1版

印　　次:2024年4月第1次印刷

规　　格:700 mm × 1000 mm　　　1/16

印　　张:14

字　　数:210千字

书　　号:978-7-5676-6745-7

定　　价:58.00元

凡发现图书有质量问题,请与我社联系(联系电话:0553-5910315)

序

　　本书编者都是资深中学数学教研员和一线初中数学优秀教师,有着深耕初中数学教育沃土的宝贵经验,他们在《中学数学教学参考》《中小学数学》《中学数学》《中学数学月刊》等刊物上发表许多教育教学研究成果.欣闻《初中数学"图形与几何"教学策略与错因分析》和《初中数学"数与代数及统计与概率"教学策略与错因分析》两本书即将出版,随即联系借来校样先睹为快.翻阅此书,印象深刻,思绪万千.此书脉络清晰,深入浅出,剖析了学生解题错因并指导教师精准教学,将对提升初中数学教师教学策略以及减少学生解题失误产生积极的影响.

　　本书有以下几个特点.

　　特点之一:本书梳理了初中数学"数与代数及统计与概率"的知识脉络,将"知识点—应知应懂"夯实,对于基础部分数学知识的地位和作用给予中肯的评论,引导师生关注"四基",以扎实的数学功底为核心,适当技巧点缀其间,凸显"眼高手也高"的特色.

　　特点之二:本书对易错知识点有详尽的介绍,发挥"易错点—辨误明理"的作用,通过错点查找、出错归因、反思明理等思维过程,构建精准的纠错评价观.作者在大量的研课、听课、评课中收集典型错例,在教育理想和教育情怀的加持下,充分发挥研究、指导、服务的教学职能,认真总结数学教研经验,勇于探索改革创新,组织研究"查错、辨误、明理"的数学教学策略,辐射面广,对一线数学教学有较强的指导意义.

　　特点之三:本书不仅对数学解题及解题教学作了概括的介绍,而且对一些重要"析案例—避误纠错"进行细致的说明.作者用敏锐的眼光,对整个初中数学解题教学有着明确的认识,带领团队对各数学领域的重要案例进行了细致入微分析;对可能遇到的解题误区及陷阱给予恰当提示;对学生解题心理给予科学辅导等.全书高屋建瓴、独具匠心、避误纠错、辨误明理,不仅可以满足师生对数学解题过程与方法的了解,而且可以深入体会数学解题避免误区的艰苦历程,掌握解题策略创新的来龙去脉,其中有些策略在其他数学教学指导书中好似从未见过.

最后,本书除数学教学策略经验提炼外,还创设了许多有趣的解题教学交流情境,不仅提升了可读性,而且读之趣味盎然.这在其他数学教学指导书中也难以见到.由于时间较紧,未能将全书仔细拜读.作为初阅者,我认为此书可作为初中数学师生置诸案头随时翻阅的精品书籍之一.不论是初中数学教师,还是学生,乃至于数学业余爱好者,品读此书都会开卷有益并收获颇丰.

安徽师范大学数学与统计学院
董建功
2024年2月7日于文津花园

前　言

　　"数与代数"和"统计与概率"是初中数学课程内容中的两大模块,主要包括有理数、实数的形成,数与式的运算,用代数式、方程、不等式、函数等描述现实问题数量关系和变化规律,掌握抽样与数据分析,求随机事件的概率等知识点.

　　我们依托铜陵市教研部门和相关学校,经过多年的教研活动、教学常规检查、推门听课等方式发现教师在教学过程中存在概念模糊、理解不透、问题不清、解题有误、法则混淆、思维紊乱、方法不当等问题,随后我们组织一线初中数学教师通过"听—查—看—谈—问",结合《义务教育数学课程标准2022年版》,决定选题、谋篇、著书,帮助教师系统教学、精讲精练、辨误明理,惠助学生自主学习、应知应懂、会练善练,将数学知识融会贯通,使数学题训练准确无误,力争教学策略与错因分析完美结合.

　　该书以大单元教学为框架,以课时教学为单位,从"知识点""易错点""析案例"三个方面归纳单元课时的教学知识要点和易错点,使学生掌握数学概念、数式性质、数量关系、数学规律、数学模型、数学运算、数据的抽样方法、样本数据推断、随机事件发生的可能性、随机事件概率计算等知识,析案例从"考点、错解、错因、正解、反思"五个方面剖析,有一定实践意义和应用价值.

　　从教师的角度分析,本书适用于教师课堂教学中对知识点、易错点的分析与借鉴,通过案例分析避误纠错,便于教师在课堂中进行例题讲解、随堂训练和变式拓展,为给学生布置课后作业提供素材和题型.

　　从学生的角度分析,本书适合学生自主学习、自行分析、自我提升,通过了解知识点、易错点、案例等,寻错归因、避误纠错、举一反三,培养学生良好的归纳、分析、明理的习惯.

本书遵循"实践—认识—再实践—再认识"的教与学认知规律,对教师的"教"和学生的"学"有借鉴和指导作用,对部分具有数学基础的家长指导孩子学习数学有针对性、启发性、示范性.

在此,衷心感谢铜陵市许多一线初中数学教师的辛勤实践和原始积累,感谢铜陵市教体局教科所中学数学教研员金超老师悉心指导,感谢枞阳县浮山中学特级教师、正高级教师唐录义老师热心策划,感谢所有为本书的编写和出版付出辛勤劳动的工作人员,特别感谢安徽师范大学数学与统计学院的董建功教授为本书作序,并提出修改意见.正是有了你们的支持和配合,才使得本书顺利出版.

相信通过本书的编写和推广,能够为初中数学"教"与"学"提供一种新思想、新思维、新方法、新路径,帮助教师和学生更好地应对初中数学教与学中的挑战,提高学校教育教学质量.

由于原始材料繁多、编者水平有限,疏漏、错误和不当之处在所难免,敬请读者不吝赐正!

目　录

第一单元　数与式

从"算术数"到"有理数",再到"实数",数的扩展过程构成了"代数"知识的形成与展开的基础,而从"用字母表示数"开始,变量进入了数学,再结合数的扩展,在"算术式"的基础上衍生出整式、分式、根式等,形成了"代数式"这一重要的代数"支脉".因此,"数与式"所具有的上述属性,也决定了这部分内容是初中数学中重要的基础知识.

"数与式"包括实数、整式、分式、根式四块内容,这部分知识点多、技能性强,体现数学转化思想、类比思想、分类讨论思想等."数与式"不仅是解决方程、函数问题的基础,也是解决图形问题中数量表达与计算的基础.通过这一单元的学习,学生可以培养运算能力、推理能力、数感和符号感.

第1课 实数及其运算

★ 知识点——应知应懂 ★

1. 实数及其分类

(1)理解有理数的意义,会比较有理数的大小.

(2)了解无理数的概念,能根据要求用有理数估计一个无理数的大致范围.

(3)了解实数的概念及其分类,会进行简单的实数运算.

2. 实数的相关概念

(1)能用数轴上的点表示有理数,知道实数与数轴上的点一一对应.

(2)会借助数轴比较有理数的大小.

(3)会用有理数表示具有相反意义的量,借助数轴理解相反数的意义,会求实数的相反数,掌握相反数的性质.

(4)借助数轴理解绝对值的意义,会求实数的绝对值.

(5)会利用绝对值的知识解决简单的化简问题和计算问题.

3. 近似数和科学记数法

(1)了解近似数的概念,会用科学记数法表示数.

(2)在解决实际问题时,能按问题的要求对结果取近似值,能对含有较大数字的信息作出合理的解释和推断.

4. 平方根、算术平方根、立方根

(1)了解平方根及算术平方根的概念,了解开方与乘方互为逆运算,会用根号表示非负数的平方根及算术平方根.

(2)会用平方运算的方法求某些非负数的平方根.

(3)了解立方根的概念,会用根号表示数的立方根.

(4)会用立方运算的方法求某些数的立方根.

5.实数的运算

(1)理解乘方的意义.

(2)掌握实数的加、减、乘、除、乘方及简单的混合运算(以三步为主).

(3)能运用实数的运算解决简单问题.

(4)理解实数的运算律,能用实数的运算律简化实数运算.

★ 易错点——辨误明理 ★

(1)对实数有关概念理解模糊致错.

(2)对与数轴相关问题考虑不周致错.

(3)对相反数概念理解有误致错.

(4)对绝对值的概念和性质理解有误致错.

(5)混淆准确数与近似数致错.

(6)科学记数法表示有误致错.

(7)按要求取近似数有误致错.

(8)近似数精确度的确定有误致错.

(9)混淆平方根、算术平方根、立方根致错.

(10)开方时错误理解题意致错.

(11)忽视算术平方根的双重非负性致错.

(12)把一个正数平方根的正逆关系混淆致错.

(13)根式运算中思维定式致错.

(14)实数运算中符号运用不当致错.

(15)对乘方概念理解不清致错.

(16)违背运算顺序致错.

(17)除法套用乘法分配律致错.

★ 析案例——避误纠错 ★

易错点一 对实数有关概念理解模糊致错

案例1 在实数 $\dfrac{\pi}{2}$, $0.\dot{3}$, $\sqrt{9}$, $(\sqrt{2})^0$, $\tan 60°$, $-\dfrac{22}{7}$, $\sqrt[3]{-8}$, $\sqrt{2}$, $3.141\,59$, $0.010\,010\,001\cdots$(相邻两个1之间依次多一个0)中,无理数有_____;分数有_____.

【考点涉及】有理数、无理数有关概念.

【错解呈现】无理数有 $\dfrac{\pi}{2}$, $0.\dot{3}$, $\sqrt{9}$, $(\sqrt{2})^0$, $\tan 60°$, $-\dfrac{22}{7}$, $\sqrt[3]{-8}$, $\sqrt{2}$, $3.141\,59$, $0.010\,010\,001\cdots$(相邻两个1之间依次多一个0);分数有 $\dfrac{\pi}{2}$, $-\dfrac{22}{7}$, 3.14159.

【寻错索因】错误的主要原因是没有真正理解无理数和分数的概念,只看形式,而没有化简后再判断,如 $\sqrt{9}$, $(\sqrt{2})^0$, $\sqrt[3]{-8}$ 化简后都是有理数.而 $\dfrac{\pi}{2}$ 本质上是无限不循环小数,不属于有理数中的分数.四基性失误:对实数有关概念理解不准确,导致推理判断失误.

【正解参考】无理数有 $\dfrac{\pi}{2}$, $\tan 60°$, $\sqrt{2}$, $0.010\,010\,001\cdots$(相邻两个1之间依次多一个0);分数有 $0.\dot{3}$, $-\dfrac{22}{7}$, $3.141\,59$.

【反思明理】实数的概念不能看形式,只能看实质.无理数是无限不循环小数,无理数的常见类型有:①根号型(开方开不尽),如 $\sqrt{2}$ 等;②定义型,如 $1.010\,010\,001\cdots$(相邻两个1之间依次多一个0)等;③"π"型,如 $\dfrac{\pi}{2}$ 等;④三角函数型,如 $\tan 60°$ 等.分数属于有理数范畴,有理数是有限小数或无限循环小数.有理数包括整数和分数,其中分数包括正分数和负分数.注意:小数中除了无限不循环小数都属于分数.

案例2 下列关于无理数的表述,正确的个数是( )

①无限小数是无理数;

②无理数是开方开不尽的数;

③带根号的数是无理数;

④两个无理数的和、差、积、商一定还是无理数;

⑤一个无理数的平方一定是有理数;

⑥一个无理数与一个有理数的积一定是无理数;

⑦无理数可以分为正无理数、0、负无理数.

A.0 B.1 C.2 D.3

【考点涉及】无理数的概念和运算.

【错解呈现】选B或C或D.

【寻错索因】没有真正理解无理数的概念和有关运算.判断一个命题的真假,一定要考虑特殊的情况.四基性失误:对无理数的概念和运算理解模糊,导致推理判断失误.

【正解参考】选A.

【反思明理】①错误,因为无限小数包括无限循环小数和无限不循环小数,而只有无限不循环小数才是无理数.反过来说,"无理数是无限小数"是正确的;

②错误,因为无理数不仅是开方开不尽的数,如π.反过来说,"开方开不尽的数是无理数"是正确的;

③错误,带根号的数不一定是无理数,如$\sqrt{9}$,$-\sqrt[3]{27}$虽然带根号,但它们却是有理数,因此带根号的数是否是无理数不能只看形式,而要化简后看最后结果;

④错误,如$\sqrt{5}+2$,$2-\sqrt{5}$是无理数,但它们的和为4,是有理数,可见无理数的和、差、积、商不一定是无理数;

⑤错误,如$(\sqrt[3]{2})^2$,π^2都不是有理数;

⑥错误,如一个无理数与0的积都是有理数;

⑦错误,如0是有理数,不是无理数.这是犯了类比有理数和实数都可以分为三类的错误.

易错点二 对与数轴相关问题考虑不周致错

案例3 在数轴上一个点与原点的距离是$\sqrt{5}$,则这个点所表示的数是_____.

【考点涉及】数轴.

【错解呈现】$\sqrt{5}$.

【寻错索因】此题错在只考虑了原点右边的情况,实际上在数轴上与原点的距离相等的点有两个,即原点左、右两边各一个,所以该点表示的数应是$\pm\sqrt{5}$.逻辑性失误:思维不严谨,以偏概全,导致推理不严密.

【正解参考】$\pm\sqrt{5}$.

【反思明理】求在数轴上任一点到另一点的距离时,应考虑在该点左、右两种情况.

案例4 数轴上表示整数的点称为整点.某数轴的单位长度是1厘米,若在这个数轴上随意画出一条长为2 019厘米的线段AB,则线段AB盖住的整点的个数是_____.

【考点涉及】数轴.

【错解呈现】2 020.

【寻错索因】某数轴的单位长度是1厘米,若在这个数轴上随意画出一条长为2 019厘米的线段AB,则线段AB盖住的点可能是从整点到整点,正好是2 020个整点,也可能不是整数,从小数到小数,那就是2 019个整点.逻辑性失误:思维不严谨,导致推理不严密.

【正解参考】依题意得:①当线段AB的起点在整点时,覆盖2 020个整数;

②当线段AB的起点不在整点,即在两个整点之间时,覆盖2 019个整数.故应填2 019或2 020.

【反思明理】在学习中要注意培养学生数形结合的思想.本题画出数轴解题非常直观,且不容易遗漏,体现了数形结合的优点.

易错点三 对相反数概念理解有误致错

案例5 判断正误:

(1)5与-5都是相反数;

(2)$\frac{3}{2}$的相反数是$\frac{2}{3}$;

(3)互为相反数的两个数中一定有一个是正数,有一个是负数;

(4)$-a$的相反数是正数;

(5)表示相反意义的两个数是相反数;

(6)符号相反的两个数互为相反数;

(7)互为相反数的两个数的和为0.

【考点涉及】相反数的定义与性质.

【错解呈现】(1)~(6)正确,(7)错误.

【寻错索因】(1)错误,互为相反数指的是一对数,只能说5与-5互为相反数,5的相反数是-5,或-5的相反数是5;

(2)错误,将相反数与倒数概念混淆了,$\frac{3}{2}$的相反数是$-\frac{3}{2}$,$\frac{3}{2}$的倒数是$\frac{2}{3}$;

(3)错误,互为相反数的两个数中有一个特例,0的相反数是它本身;

(4)错误,$-a$的相反数是a,但a可以是任何实数,不一定是正数;

(5)(6)均错误,表示相反意义或符号相反的两个数不一定互为相反数,如向东行30米和向西行50米,+3与-5等;

(7)正确,这是相反数极其重要的性质.

四基性失误:对相反数的概念和性质理解不准确,导致推理判断失误.

【正解参考】(1)~(6)错误,(7)正确.

【反思明理】相反数的代数意义:只有符号不同的两个数,叫做互为相反数.(注:互为相反数是成对出现的,不能单独存在.例如,a的相反数是$-a$,其中0的相反数是0)几何意义:在数轴上原点的两边,到原点距离相等的两点所表示的数互为相反数.隐含意义:互为相反数的两个数的和为0.

易错点四 对绝对值的概念和性质理解有误致错

案例6 判断正误:

(1)一个数的绝对值等于它本身,则这个数一定是正数;

(2)一个数的绝对值等于它的相反数,则这个数一定是负数;

(3)若两个数的绝对值相等,则这两个数一定相等;

(4)若两个数不相等,则这两个数的绝对值一定不相等;

(5)一个数的绝对值一定是正数;

(6)没有最小的实数,也没有绝对值最小的实数;

(7)绝对值不大于3的整数有6个.

【考点涉及】绝对值的概念与性质.

【错解呈现】(1)~(7)正确.

【寻错索因】(1)(2)均错在没有考虑0,正确的说法是:绝对值等于它本身的数是非负数.绝对值等于它的相反数的数是非正数;

(3)错误,相等的两个数绝对值一定相等,但绝对值相等的两个数不一定相等,如互为相反数的+3和−3;

(4)错误,若两个数不相等,则这两个数的绝对值有可能相等,如+3和−3;

(5)错误,因为0的绝对值是0,0既不是正数也不是负数,所以绝对值最小的数是0;

(6)错误,没有最小的实数,但有绝对值最小的数,是0;

(7)错误,漏掉了0,绝对值不大于3的整数有7个,分别为−3,−2,−1,0,1,2,3.

四基性失误:对绝对值的概念和性质理解不准确,导致推理判断失误.

【正解参考】(1)~(7)均错误.

【反思明理】绝对值的几何意义:在数轴上,表示一个数的点到原点的距离叫做这个数的绝对值.代数意义:任何一个数的绝对值都是非负数,其中正数和0的绝对值是它本身,负数和0的绝对值是它的相反数.隐含意义:互为相反数的两个数的绝对值相等.

案例7　填空:(1)若|x| = |3|,则x=＿＿＿＿;若|x| = |-3|,则x=＿＿＿＿.

(2)若|a - 6| = a - 6,则a＿＿＿＿;若|a - 6| = 6 - a,则a＿＿＿＿.

【考点涉及】绝对值.

【错解呈现】(1)3;-3　　(2)> 6;< 6.

【寻错索因】(1)犯了形式主义错误,忽略了一个基本事实:若两个数绝对值相等,则这两个数相等或互为相反数;

(2)都忽视了0,0的绝对值既是它本身,又是它的相反数.

逻辑性失误:思维不严谨,以偏概全,导致推理不严密.

【正解参考】(1)±3;±3　　(2)≥ 6;≤ 6.

【反思明理】绝对值相等的两个数的关系是相等或互为相反数;绝对值等于它本身的数是非负数,绝对值等于它相反数的数是非正数.这些情况都不能遗漏0.

易错点五　混淆准确数与近似数致错

案例8　判断下列各数哪些是准确数,哪些是近似数.

(1)一双没洗过的手带有80 000万个细菌;

(2)李明同学的身高为1.68米;

(3)碗里有40 mL水.

【考点涉及】准确数与近似数.

【错解呈现】都是准确数.

【寻错索因】认为没有"大概、大约、左右"这样字眼的数据就是准确数,没有考虑数据的实际意义,导致错误.四基性失误:对准确数与近似数的概念理解不准确,导致判断失误.

【正解参考】都是近似数.

【反思明理】区别准确数与近似数不应简单地找表示近似数的字词,而应仔细读题,理解题目的背景,结合实际意义来确定数据是否是近似数.

易错点六 科学记数法表示有误致错

案例9 将下列各数用科学记数法表示:

(1)1 380 000 000;(2)−82 010 000 000;(3)28 765.8;

(4)0.000 040 3;(5)4 567万.

【考点涉及】科学记数法.

【错解呈现】(1)0.138×10^{10} 或 13.8×10^8 或 138×10^7;(2)8.201×10^{10};(3)$2.876\,58 \times 10^5$;(4)4.03×10^{-6};(5)4.567×10^3.

【寻错索因】(1)绝对值不小于1的数用科学记数法表示形式为 $\pm a \times 10^n$,其中 $1 \le a < 10$,a 只能有一个整数位数,本题 a 只能为1.38;

(2)本题漏写了负号;

(3)绝对值不小于1的数用科学记数法表示形式为 $\pm a \times 10^n$,其中 n 比原数的整数位数少1,注意不包括小数位数;

(4)绝对值小于1的数用科学记数法表示形式为 $\pm a \times 10^{-n}$,其中 n 等于原数第一个不为0的数字前面所有0的个数(包括小数点前面那个0),但后面的0不计数,本题中 n 应为5;

(5)当原数后面含有单位"万"时,要用原数乘以10 000,再用科学记数法表示;当原数后面含有单位"亿"时,要用原数乘以100 000 000,再用科学记数法表示.

四基性失误:对科学记数法掌握不透彻致错.

【正解参考】(1)1.38×10^9;(2)-8.201×10^{10};(3)$2.876\,58 \times 10^4$;(4)4.03×10^{-5};(5)4.567×10^7.

【反思明理】用科学记数法表示一个数时,首先要注意性质符号,然后弄清 a 与 n 的值,最后,一定要看清要求用科学记数法表示的数有没有带数字单位.若有数字单位必须先化为原数,再用科学记数法表示,尽量避免出现一些不必要的错误.

易错点七　**按要求取近似数有误致错**

案例10　用四舍五入法,按要求取近似数:

(1)0.049 76(精确到0.001);(2)8 486 000(精确到万位).

【考点涉及】按要求取近似数.

【错解呈现】(1)0.049 或 0.05;(2)8 490 000.

【寻错索因】(1)精确到0.001,也就是精确到千分位,万分位的数字如果不小于5,那么千分位的数字就要加1,第1个错解千分位没有加1,第2个错解中要注意0.05和0.050虽然值相等,但精确度不同,0.05精确到0.01,而0.050精确到0.001,所以5后面的0不能随便舍去;

(2)首先要找出精确到哪一位,然后用四舍五入法取近似数,注意不能写成849(与原数相差较大)或8 490 000(精确到个位),绝对值较大的数取近似数时,可用科学记数法表示或者后面带上数字单位.

四基性失误:对按要求取近似数的方法理解有误.

【正解参考】(1)0.050;(2)8.49×10^6 或 849 万.

【反思明理】关于近似数的取舍,结果要求精确到哪一位,就看这一位后面的数是否大于等于5,若大于等于5就进1,若小于5就舍去.对于绝对值较大的数,通常用科学记数法来表示.

易错点八　**近似数精确度的确定有误致错**

案例11　(1)近似数3.250精确到_____位;

(2)3.6万精确到_____位;

(3)4.49×10^4精确到_____位.

【考点涉及】近似数的精确度.

【错解呈现】(1)百分;(2)十分;(3)百分.

【寻错索因】(1)近似数3.250最后一位数字0是千分位,故精确到千分位,若是3.25,则精确到百分位;

(2)中近似数带有数字单位;

(3)中近似数用科学记数法表示,都需把它们还原成原数,再确定它们精确到哪一位,不能只关注数字单位或 10^n 前面的数的精确度.

四基性失误:对近似数精确度的理解不准确致误.

【正解参考】(1)千分;(2)千;(3)百.

【反思明理】不带数字单位的数的精确度由四舍五入后得到的近似数的位数来确定;带数字单位的数的精确度由四舍五入后得到的近似数的位数和它后面的数字单位共同来确定;以科学记数法表示的数要先还原成原数再来确定精确度.

易错点九 混淆平方根、算术平方根、立方根致错

案例12 填空:(1) $\sqrt{\dfrac{16}{81}}=$ _____;(2) $\sqrt{(-5)^2}=$ _____;

(3)144的平方根是_____;(4)64的立方根是_____.

【考点涉及】平方根、算术平方根、立方根.

【错解呈现】(1) $\pm\dfrac{4}{9}$;(2)-5;(3)12;(4) ±4.

【寻错索因】(1)混淆了平方根和算术平方根两个概念.算术平方根是指一个数的正的平方根,这里强调了两个正数,被开方数是正数,开平方的结果也是正数.特别地,0的算术平方根为0.

(2)忽略了算术平方根的两个非负性之一,即算术平方根的运算结果具有非负性.

(3)对平方根的概念不理解,一个正数有两个平方根,这两个平方根互为相反数.特别地,0的平方根是0.实际上,$(\pm12)^2=144$,故144的平方根是 ±12.

(4)受平方根的影响而出错,实际上任何一个数都有一个立方根,且立方根与原数正、负号相同.特别地,0的立方根是0.

四基性失误:混淆平方根、算术平方根与立方根的概念致错.

【正解参考】(1) $\dfrac{4}{9}$;(2)5;(3) ±12;(4)4.

【反思明理】只有非负数才有平方根.正数有两个平方根,其中一个是正数,叫作算术平方根;另一个是负数,是算术平方根的相反数.任何实数都有立方根,每个实数只有一个立方根,一个实数与这个实数的立方根同号(或同为零).

案例13 填空:(1)若$\sqrt{a}=a$,则$a=$_____;

(2)若$\pm\sqrt{a}=a$,则$a=$_____;

(3)若$\sqrt[3]{a}=a$,则$a=$_____;

(4)已知$x^2=\dfrac{4}{9}$,则$x=$_____.

【考点涉及】平方根、算术平方根、立方根.

【错解呈现】(1)1;(2)不存在;(3)0,1;(4)$\dfrac{2}{3}$.

【寻错索因】(1)漏掉了0的算术平方根也是它本身;

(2)忽略了0的平方根是它本身;

(3)漏掉了-1的立方根也是它本身;

(4)由$x^2=\dfrac{4}{9}$,得x是$\dfrac{4}{9}$的平方根,而不是$\dfrac{4}{9}$的算术平方根.

四基性失误:对平方根、算术平方根与立方根的概念和性质掌握不牢固,导致推理失误.

【正解参考】(1)0,1;(2)0;(3)0,±1;(4)$\pm\dfrac{2}{3}$.

【反思明理】平方根等于它本身的数只有0;算术平方根等于它本身的数是0和1;立方根等于它本身的数是±1和0.切记:一个正数的平方根有两个,算术平方根和立方根只有1个.0的平方根、算术平方根和立方根都等于0.

易错点十　开方时错误理解题意致错

案例14 (1)$\sqrt{16}$的平方根是_____;(2)$\sqrt{4}$的算术平方根是_____;(3)$\sqrt[3]{512}$的立方根是_____.

【考点涉及】平方根、算术平方根、立方根.

【错解呈现】(1)±4;(2)2;(3)8.

【寻错索因】(1)没有审清题意,$\sqrt{16}$ 表示16的算术平方根,故 $\sqrt{16} = 4$. 因此,此题实际上是求4的平方根,其结果应是±2;

(2)审题不够仔细,$\sqrt{4}$ 表示4的算术平方根,其结果是2,所以原题求 $\sqrt{4}$ 的算术平方根就是求2的算术平方根;

(3)由于 $\sqrt[3]{512} = 8$,本题求 $\sqrt[3]{512}$ 的立方根就是求8的立方根,而不是求512的立方根.

心理性失误:审题浮躁,理解肤浅,粗心大意.

【正解参考】(1)±2;(2)$\sqrt{2}$;(3)2.

【反思明理】要充分理解根号本身也是一种运算符号.解数学问题,第一步是要认真审题,如果审题不清,或不能准确理解题意,则必然导致错误的发生.

易错点十一 **忽视算术平方根的双重非负性致错**

案例15 (1)求$(1 - \sqrt{2})^2$的算术平方根;(2)求使 $x \cdot \sqrt{x - 1} = 0$ 成立的 x 的值.

【考点涉及】算术平方根的双重非负性.

【错解呈现】(1)$1 - \sqrt{2}$;

(2)∵ $x \cdot \sqrt{x - 1} = 0$,

∴ $x = 0$ 或 $\sqrt{x - 1} = 0$.

∴ $x = 0$ 或 $x = 1$.

【寻错索因】(1)本题错误的原因是没有考虑到"$1 - \sqrt{2} < 0$"这一隐含条件,因为非负数的算术平方根仍为非负数;

(2)注意到,当 $x = 0$ 时,$\sqrt{x - 1} = \sqrt{0 - 1} = \sqrt{-1}$,显然此式无意义,发生错误的原因是忽视了"负数没有平方根和算术平方根",故 $x \neq 0$,所以当 $x = 1$ 时,$x \cdot \sqrt{x - 1} = 0$.

四基性失误:对算术平方根的双重非负性掌握不牢固,导致推理失误.

【正解参考】(1)$(1 - \sqrt{2})^2$的算术平方根为$|1 - \sqrt{2}| = \sqrt{2} - 1$;

(2)$\because x \cdot \sqrt{x - 1} = 0$,

$\therefore x = 0$或$\sqrt{x - 1} = 0$,

$\therefore x = 0$或$x = 1$.

当$x = 0$时,$\sqrt{x - 1}$无意义,应舍去,所以$x = 1$.

【反思明理】算术平方根$\sqrt{a}\ (a \geqslant 0)$具有双重非负性.一是被开方数具有非负性,即$a \geqslant 0$;二是算术平方根本身具有非负性,即$\sqrt{a} \geqslant 0$.算术平方根的双重非负性还有两个特征:一是兼容性,容易与其他知识点组合成有一定分值的综合题,而双重非负性往往是解题的切入点,更是解题的关键;二是隐含性,如果不仔细观察,不认真分析,解题中容易造成多解或漏解.

易错点十二　把一个正数平方根的正逆关系混淆致错

案例16　若$2a - 6$和$3a - 4$是同一个数的平方根,求a的值.

【考点涉及】平方根的定义.

【错解呈现】因为$2a - 6$和$3a - 4$是同一个数的平方根,根据一个数的两个平方根互为相反数,得$2a - 6 + 3a - 4 = 0$,解得$a = 2$.

【寻错索因】错解只考虑了两个不相同的平方根的情况,漏掉了$2a - 6$与$3a - 4$可能相等的情况.

逻辑性失误:思维不严谨,以偏概全,导致推理不严密.

【正解参考】因为$2a - 6$和$3a - 4$是同一个数的平方根,

所以$2a - 6 + 3a - 4 = 0$或$2a - 6 = 3a - 4$,解得$a = 2$或$a = -2$.

【反思明理】解题时对重要的细节判断不认真,忽略特殊情况,常出现考虑不周、讨论不全面、粗心大意等问题,要注意避免.

易错点十三 根式运算中思维定式致错

案例17 计算：$(1)\sqrt{0.9}$；$(2)\sqrt{3^2+4^2}$；$(3)\sqrt{1\frac{4}{9}}$.

【考点涉及】根式的化简.

【错解呈现】$(1)\sqrt{0.9}=0.3$；$(2)\sqrt{3^2+4^2}=3+4=7$；$(3)\sqrt{1\frac{4}{9}}=1\frac{2}{3}$.

【寻错索因】(1)因为 $0.3^2 \neq 0.9$，从形式上把小数的完全平方与整数的完全平方混淆；

(2)因为被开方数是两个平方数相加，而不是相乘，所以不能分别开平方后相加；

(3)带分数的开方受思维定式影响，误将整数部分和分数部分分别开方. 一般地，求一个带分数的算术平方根，应先将其化为假分数，再求这个假分数的算术平方根.

四基性失误：对二次根式的化简掌握不牢固，形成思维惯性，导致出现低级错误.

【正解参考】$(1)\sqrt{0.9}=\sqrt{\frac{9}{10}}=\sqrt{\frac{9\times10}{10^2}}=\frac{3}{10}\sqrt{10}$；

$(2)\sqrt{3^2+4^2}=\sqrt{25}=5$；

$(3)\sqrt{1\frac{4}{9}}=\sqrt{\frac{13}{9}}=\frac{\sqrt{13}}{3}$.

【反思明理】消极的思维定式会将思维者的思路引入歧途，导致呆板的思考，从而束缚思维的发展，最终不能解决问题.

易错点十四 实数运算中符号运用不当致错

案例18 计算：$(1)(-2.2)\times(-5.5)-8\div(-5)$；

$(2)-\frac{1}{4}+\frac{5}{6}+\frac{2}{3}-\frac{1}{2}$；

$(3)-2^2-7\times[3-(-1)^3]$；

$(4)6 - 4\dfrac{1}{3} - 2\dfrac{1}{2}$;

$(5)3 - | - 5| + \left|2 - \dfrac{1}{3}\right|$;

$(6)-12 \times \left(\dfrac{1}{2} - \dfrac{1}{3} + \dfrac{1}{4} - \dfrac{1}{6}\right)$.

【考点涉及】实数的运算.

【错解呈现】(1)原式 = 12.1 − 1.6 = 10.5;

(2)原式 $= -\dfrac{1}{4} + \dfrac{1}{2} + \dfrac{5}{6} + \dfrac{2}{3} = \dfrac{1}{4} + \dfrac{9}{6} = \dfrac{7}{4}$;

(3)原式 $= 4 - 7 \times (3 - 1) = 4 - 7 \times 2 = -10$;

(4)原式 $= 6 - 4 + \dfrac{1}{3} - 2 + \dfrac{1}{2} = 6 - 4 - 2 + \dfrac{1}{3} + \dfrac{1}{2} = \dfrac{1}{6}$;

(5)原式 $= 3 + 5 + 2 + \dfrac{1}{3} = 10\dfrac{1}{3}$;

(6)原式 $= -12 \times \dfrac{1}{2} - 12 \times \dfrac{1}{3} - 12 \times \dfrac{1}{4} - 12 \times \dfrac{1}{6}$.

$\qquad = -6 - 4 - 3 - 2 = -15$.

【寻错索因】(1)式中 8 前面的"−"看成"性质符号"时,是"$(-2.2) \times (-5.5)$"加上"$(-8) \div (-5)$";看成"运算符号"时,是"$(-2.2) \times (-5.5)$"减去"$8 \div (-5)$";但在计算时只能选择其中的一种来运算,即式中 8 前面的"−"只能用一次,绝不能同时用两次.

(2)式中在移动 $-\dfrac{1}{2}$ 时丢失了"−".注意:在运用加法的交换律和结合律时,要连同前面的符号一起移动.

(3)乘方运算一定要先弄清楚底数是什么,本题中 -2^2 的底数是 2,表示 2 的 2 次方的相反数,不等同于 $(-2)^2$ 中底数为 −2;题中 $(-1)^3$ 的底数为 −1,表示 −1 的 3 次方,应等于 −1.这就是乘方有无括号的区别.因此,负数和分数的乘方,一定要使用括号;无括号的,不表示整体乘方,只表示局部乘方.

(4)本题将带分数一分为二时,误认为"整数部分的符号与带分数的符号应相同,分数的符号都为正"出错.要注意"$-4\dfrac{1}{3}$"中的符号"−"应是带分数整体的符号,只能拆分成"-4"与"$-\dfrac{1}{3}$",即$-4\dfrac{1}{3}=-4-\dfrac{1}{3}$(带分数分得的两个数的符号与原来的符号相同).

(5)不能把绝对值看成将绝对值里面的每一个数都变成正数,也不能将绝对值只当成括号使用.绝对值有括号作用,若绝对值里面还有运算的,应先算绝对值里面的,再去掉绝对值,最后进行绝对值外面的运算.

(6)在运用分配律进行运算时,只注意括号外"-12"的性质符号,而忽略了括号内各加数的性质符号;或者把"-12"的性质符号与绝对值分离,这样的运算都是错误的.

四基性失误:计算基本功不扎实,对实数运算中的符号运用不当致错.

【正解参考】(1)解法1:看成"性质符号",则原式$=12.1+1.6=13.7$.解法2:看成"运算符号",则原式$=12.1-(-1.6)=12.1+1.6=13.7$;

(2)原式$=-\dfrac{1}{4}-\dfrac{1}{2}+\dfrac{5}{6}+\dfrac{2}{3}=-\dfrac{3}{4}+\dfrac{9}{6}=\dfrac{3}{4}$;

(3)原式$=-4-7\times[3-(-1)]=-4-7\times4=-32$;

(4)原式$=6-4-\dfrac{1}{3}-2-\dfrac{1}{2}=6-4-2-\dfrac{1}{3}-\dfrac{1}{2}=-\dfrac{5}{6}$;

(5)原式$=3-5+1\dfrac{2}{3}=-2+1\dfrac{2}{3}=-\dfrac{1}{3}$;

(6)原式$=(-12)\times\dfrac{1}{2}+(-12)\times\left(-\dfrac{1}{3}\right)+(-12)\times\dfrac{1}{4}+(-12)\times\left(-\dfrac{1}{6}\right)=-6+$

$4-3+2=-3$.

【反思明理】运算中的符号"$+$""$-$",既是性质符号又是运算符号,当用作性质符号时,"$+$"表示正号,"$-$"表示负号;当用作运算符号时,"$+$"表示加法中的加号,"$-$"表示减法中的减号.在具体的实数运算中,对于一个符号来说,应遵循"一号一用,一号一读"原则,避免把同一个符号既看成性质符号又看成运算符号,从而造成错误.另外,使用运算律运算时,参与计算的数一定要连同它前面的符号一起运算.

易错点十五 对乘方概念理解不清致错

案例19 计算：$-2^3 \div \dfrac{4}{9} \times \left(-\dfrac{2}{3}\right)^2$.

【考点涉及】实数的运算.

【错解呈现】原式 $= -6 \times \dfrac{9}{4} \times \dfrac{4}{6} = -9$.

【寻错索因】错解的原因是对乘方的概念认识不清，2^3 表示 3 个 2 相乘，其结果是 8，而不是指数与底数相乘；$\left(-\dfrac{2}{3}\right)^2$ 也是类似的错误．四基性失误：对乘方的概念理解不清致错．

【正解参考】原式 $= -8 \times \dfrac{9}{4} \times \dfrac{4}{9} = -8$.

【反思明理】一个实数的乘方 a^n 具有双重含义．一方面，它既表示 n 个 a 相乘，是一种运算；另一方面，它又表示乘方运算的结果，这个结果叫做幂．对概念的正确理解是首要的，只有深刻理解概念才能正确地计算和运用．一个分数和负数的乘方必须要加括号，如果没有括号，则只表示部分乘方．如 $(-2)^3$ 表示 -2 的 3 次方，而 -2^3 则表示 2 的 3 次方的相反数，要仔细甄别．

易错点十六 违背运算顺序致错

案例20 计算：$-2\dfrac{1}{3} + 4\dfrac{1}{5} \div (-3) \times \left(-\dfrac{5}{21}\right)$.

【考点涉及】实数的运算.

【错解呈现】原式 $= -2\dfrac{1}{3} + 4\dfrac{1}{5} \div \dfrac{5}{7} = -2\dfrac{1}{3} + \dfrac{147}{5} = 3\dfrac{41}{75}$.

【寻错索因】没有真正搞清"先乘除后加减"的含义，误认为先作乘法再作除法（或者说看到了后面的乘法可以约分所以先算）．逻辑性失误：思维不严谨，导致推理不严密．

【正解参考】原式 $= -2\dfrac{1}{3} + \dfrac{21}{5} \times \left(-\dfrac{1}{3}\right) \times \left(-\dfrac{5}{21}\right) = -2\dfrac{1}{3} + \dfrac{1}{3} = -2$.

【反思明理】加减是一级运算,乘除是二级运算,遇到同级运算时,必须按照从左到右的顺序进行.

易错点十七 除法套用乘法分配律致错

案例21 计算: $-\dfrac{1}{2} \div \left(\dfrac{1}{4} + \dfrac{1}{6} - \dfrac{11}{12} \right)$.

【考点涉及】实数的运算.

【错解呈现】原式 $= -\dfrac{1}{2} \div \dfrac{1}{4} + \left(-\dfrac{1}{2} \right) \div \dfrac{1}{6} + \left(-\dfrac{1}{2} \right) \div \left(-\dfrac{11}{12} \right) = -2 + (-3) + \dfrac{6}{11} = -4\dfrac{5}{11}$.

【寻错索因】想进行简便运算,却错误地把乘法分配律硬套在除法上,而除法是没有分配律的.四基性失误:混淆运算律,认知结构存在缺陷,基本数学活动经验不足.

【正解参考】原式 $= -\dfrac{1}{2} \div \left(\dfrac{3}{12} + \dfrac{2}{12} - \dfrac{11}{12} \right) = -\dfrac{1}{2} \div \left(-\dfrac{1}{2} \right) = 1$.

【反思明理】这种把乘法分配律硬套在除法上的做法是错误的.除法没有交换律、结合律和分配律.对于没有接触过的规律,只有在确定它的正确性后才能使用.

第2课　整式的运算与因式分解

★ 知识点——应知应懂 ★

1.代数式

(1)理解用字母表示数的意义;会列代数式表示简单的数量关系;能解释一些简单代数式的实际意义或几何意义.

(2)了解代数式的值的概念;会求代数式的值;能根据代数式的值或特征,推断这些代数式反映的一些规律;能根据特定的问题所提供的资料,合理选用解题方法,通过代数式的适当变形求代数式的值.

(3)了解整式的有关概念.

2.整式的运算

(1)理解整式加减运算的法则,会进行简单的整式加减运算;能运用整式的加减运算对多项式进行变形,进一步解决有关问题.

(2)了解整数指数幂的意义和基本性质,能用幂的性质解决简单问题.

(3)理解整式乘法、除法的运算法则,会进行简单的整式乘法、除法运算;会进行简单的整式乘法与加法的混合运算;能选用恰当的方法进行相应的代数式的变形.

(4)理解平方差公式、完全平方公式,了解其几何背景;能用平方差公式、完全平方公式进行简单计算;能根据需要,运用公式进行相应的代数式的变形.

3.因式分解

(1)了解因式分解的意义及其与整式乘法之间的关系.

(2)会用提公因式法、公式法(直接用公式不超过两次)进行因式分解

(指数是正整数).

(3)能运用因式分解的知识进行代数式的变形,解决有关问题.

★ 易错点——辨误明理 ★

(1)对代数式定义理解不透彻致错.

(2)代数式书写不规范致错.

(3)对整式相关概念理解模糊致错.

(4)对同类项概念理解不清致错.

(5)合并同类项有误致错.

(6)去(添)括号顾此失彼致错.

(7)幂的运算法则混淆致错.

(8)对底数辨别不清致错.

(9)指数1与0的混淆致错.

(10)忽视零次幂和负整数指数幂底数不为零致错.

(11)整式乘除法中遗漏字母或漏项致错.

(12)整式乘除法中丢失符号致错.

(13)平方差公式运用不当致错.

(14)完全平方公式运用不当致错.

(15)完全平方公式分类漏解致错.

(16)违背因式分解定义致错.

(17)因式分解时提公因式不彻底致错.

(18)因式分解时提公因式失项致错.

(19)运用公式法因式分解有误致错.

(20)因式分解不彻底致错.

(21)因式分解时符号混乱致错.

(22)因式分解步骤混乱致错.

★ 析案例——避误纠错 ★

易错点一 对代数式定义理解不透彻致错

案例1 下列式子中,不是代数式的为( )

A.$8ab$ B.0 C.$\dfrac{c}{a+b}$ D.$S = \pi r^2$

【考点涉及】代数式的概念.

【错解呈现】B.

【寻错索因】错误原因是没有理解代数式的定义.代数式是指表示数字、字母或数字与字母之间的运算关系或数量关系的式子.故表示相等或不等关系的式子不是代数式.四基性失误:对代数式的概念理解不准确,导致判断失误.

【正解参考】D.

【反思明理】代数式中不能含有"="">"">""<""≥""≤"这些符号.

易错点二 代数式书写不规范致错

案例2 以下代数式写法正确的是( )

A.$3\dfrac{1}{4}ab$ B.$3a \div 4b$ C.$2a - 3b$ 米 D.$\dfrac{21}{6}mn$

【考点涉及】代数式的写法.

【错解呈现】错选A,B,C的均有.

【寻错索因】A选项,当字母和带分数相乘时,带分数应写成假分数;B选项,除号应改为分数线;C选项,$2a - 3b$要加括号.四基性失误:对代数式的规范书写掌握不牢固,导致判断失误.

【正解参考】D.

【反思明理】代数式的书写必须遵循下列规则:

（1）数字与字母、字母与字母相乘时，乘号可以省略不写或用"·"代替，省略乘号时，数字因数应写在字母因数的前面，数字是带分数时要改写成假分数，数字与数字相乘时仍要写成"×"；

（2）代数式中出现除法运算时，须写成分数的形式；

（3）用代数式表示某一个量时，代数式后面带有单位，如果代数式是和、差形式，要用括号把代数式括起.

易错点三　对整式相关概念理解模糊致错

案例3　下列式子中，哪些是单项式？哪些是多项式？

$0,3\dfrac{1}{3},-\dfrac{x}{6},\dfrac{m-2n}{5},-\dfrac{1}{y},\dfrac{ab}{2},\dfrac{1}{8}x^5+0.2x^2+1.$

【考点涉及】单项式、多项式的概念.

【错解呈现】$-\dfrac{x}{6},\dfrac{m-2n}{5},-\dfrac{1}{y},\dfrac{ab}{2}$ 是单项式；$0,3\dfrac{1}{3},\dfrac{1}{8}x^5+0.2x^2+1$ 是多项式.

【寻错索因】$\dfrac{m-2n}{5}$ 包含加减运算，是多项式；$-\dfrac{1}{y}$ 的分母中含有字母，所以它既不是单项式，也不是多项式；0 和 $3\dfrac{1}{3}$ 都是数字，是单项式.四基性失误：对单项式、多项式的概念理解不准确，导致判断失误.

【正解参考】$0,3\dfrac{1}{3},-\dfrac{x}{6},\dfrac{ab}{2}$ 是单项式；$\dfrac{m-2n}{5},\dfrac{1}{8}x^5+0.2x^2+1$ 是多项式.

【反思明理】判断一个式子是不是单项式，要严格依据定义进行判断，同时注意以下三点：

（1）单独的一个数或一个字母是单项式；

（2）单项式中数与字母只能是相乘的关系；

（3）若分母中出现含字母的式子，则不是整式，而是"分式"，如 $-\dfrac{1}{y}$ 就是 -1 与 y 的商，所以不是单项式.

案例4 单项式 $-\dfrac{\pi^2 a^2 b}{3}$ 的系数是_____,次数是_____.

【考点涉及】单项式的系数、次数.

【错解呈现】$-3,5$ 或 $-\dfrac{1}{3},5.$

【寻错索因】此题中出现了 π,因圆周率 π 是常数,当单项式中出现 π 时,应将其看作数字系数,所以系数为 $-\dfrac{\pi^2}{3}$;数字的指数不能加在字母的指数上算作单项式的次数,所以单项式的次数为 a,b 的指数的和.四基性失误:对单项式的系数和次数概念理解不准确致错.

【正解参考】$-\dfrac{\pi^2}{3},3.$

【反思明理】单项式的系数是指单项式中的数字因数;单项式的次数是指单项式中所有字母的指数和,要注意系数和次数中省略的1.

案例5 指出多项式 $3xy^2 - 2xy + x - 5$ 是几次几项式,并指出这个多项式的各项.

【考点涉及】多项式的项、次数.

【错解呈现】这个多项式是六次四项式,各项分别为:三次项 $3xy^2$,二次项 $2xy$,一次项 x,常数项 $5.$

【寻错索因】错解是把多项式中所有字母的指数和当成了多项式的次数,而且在写多项式的项时忽略了符号.四基性失误:对多项式的项和次数的概念理解不准确致错.

【正解参考】这个多项式是三次四项式,各项分别为:三次项 $3xy^2$,二次项 $-2xy$,一次项 x,常数项 $-5.$

【反思明理】多项式中每一个单项式称为多项式的项,这里要注意的是每一项都包括前面的符号.在多项式里,次数最高的项的次数是多项式的次数,也就是说多项式的次数实际上是用一个次数最高的单项式的次数来代表.

易错点四 对同类项概念理解不清致错

案例6 下列各组中,是同类项的有_____.(填序号)

①$2xy^2$与$-3y^2x$;②$5xy^2$与$5x^2y$;③$6m$与$6n$;④$2^3$与-3^2.

【考点涉及】同类项的概念.

【错解呈现】②.

【寻错索因】错解的根本原因是对"同类项"的概念没有真正理解透彻.判断是否是同类项的标准:(1)所含字母相同;(2)相同的字母指数也相同.两者缺一不可.需注意:是否是同类项与系数和字母的排列顺序无关,并且所有的常数项都是同类项.显然②和③都不是同类项,①④是同类项.四基性失误:对同类项的概念理解不清,导致判断失误.

【正解参考】①④.

【反思明理】识别同类项时,应准确理解概念,熟练掌握判断同类项的"两个标准",要注意它不受所给字母顺序和系数的影响,而且常数项也是同类项.

易错点五 合并同类项有误致错

案例7 合并同类项:

(1)$5x^3 - 2x^3 + 2y^2$;

(2)$7y^3 + y^3$.

【考点涉及】合并同类项.

【错解呈现】(1)原式$= 3 + 2y^2$;(2)原式$= 8y^6$.

【寻错索因】第(1)题的错解中,$5x^3$与$-2x^3$是同类项,可以合并,但在合并时,忘记了字母和字母的指数不变,将其去掉了(有些同学还可能认为相减抵消了);

第(2)题错在合并同类项时,把系数和指数都相加了,违背了合并法则中的"字母和字母的指数不变"这一规定.

四基性失误:对合并同类项法则理解不准确,顾此失彼,导致计算失误.

【正解参考】(1)原式 $= 3x^3 + 2y^2$;(2)原式 $= 8y^3$.

【反思明理】合并同类项时,首先要找准同类项,然后正确运用合并同类项法则即可.需要特别注意以下几点:①不可漏项;②合并同类项时,要准确把握"一变一不变"原则;③合并同类项后,系数若为"1"或"-1",则"1"通常省略不写,但"-"不可省略;④如果两个同类项的系数互为相反数,那么合并同类项后,结果是0.

易错点六　去(添)括号顾此失彼致错

案例8　计算:(1) $8x - 3y - (4x + 3y - z) + 2z$;

(2) $(8x^2 - 5y^2) - 3(2x^2 - y^2)$.

【考点涉及】去括号、整式的加减.

【错解呈现】(1)原式 $= 8x - 3y - 4x + 3y - z + 2z = 4x + z$.

(2)错解1:原式 $= 8x^2 - 5y^2 - 6x^2 + y^2 = 2x^2 - 4y^2$;

错解2:原式 $= 8x^2 - 5y^2 - 6x^2 - 3y^2 = 2x^2 - 8y^2$.

【寻错索因】第(1)题去括号时,括号前是"-",把括号和它前面的"-"号去掉,括号内各项都要变号.本题错误:只改变括号内第一项的符号而忘记改变其余各项的符号;

第(2)题去括号时,若括号前的系数不是1,则要按分配律来计算,即要用括号外的系数乘以括号内的每一项.本题错误:"变符号"与使用"分配律"顾此失彼.

四基性失误:对去括号法则运用不熟练,顾此失彼,导致计算失误.

【正解参考】(1)原式 $= 8x - 3y - 4x - 3y + z + 2z = 4x - 6y + 3z$;

(2)原式 $= 8x^2 - 5y^2 - 6x^2 + 3y^2 = 2x^2 - 2y^2$.

【反思明理】本题重点考查同学们对"去括号"法则的理解和正确运用能力.特别地,运用法则的第二条去括号时,括号里各项符号一定要"都变",切忌不变或少变.另外,若括号前有数字,在利用乘法分配律时,要把符号连同数字一起分配到括号里的每一项.

案例9 (1)填空:$(a - b + c)(a + b - c) = [a + (\underline{\quad})][a - (\underline{\quad})]$;

(2)已知$A = x^3 - 4x^2 - 1, B = 3x^2 + 6$,求$2A - B$的值.

【考点涉及】添括号、整式的加减.

【错解呈现】$(1)(a - b + c)(a + b - c) = [a + (b + c)][a - (b + c)]$;

$(2)2A - B = 2x^3 - 4x^2 - 1 - 3x^2 + 6 = 2x^3 - 7x^2 + 5.$

【寻错索因】第(1)题,所添第一个括号前面是"+",括号里的第一项却改变了符号,所添第二个括号前面是"-",括号里的第一项没有改变符号;

第(2)题,两个整式相减时,后一个整式应加上括号.需注意:如果一个整式与另一个数或式相乘,应先加上括号后再相乘,然后去括号、合并同类项.

四基性失误:对添括号法则运用不熟练,顾此失彼,导致计算失误.

【正解参考】$(1)(a - b + c)(a + b - c) = [a + (-b + c)][a - (-b + c)]$;

$(2)2A - B = 2(x^3 - 4x^2 - 1) - (3x^2 + 6) = 2x^3 - 8x^2 - 2 - 3x^2 - 6$
$$= 2x^3 - 11x^2 - 8.$$

【反思明理】添括号时,无论括号前是"+"还是"-",都是根据需要添加的.添括号法则:所添括号前面是"+",括号里的各项都不改变符号;所添括号前面是"-",括号里的各项都改变符号.

易错点七 幂的运算法则混淆致错

案例10 计算:$(1)a^3 \cdot a^4$;

$(2)a^{10} \div a^5$;

$(3)(a^3)^2$;

$(4)x^{10} + x^{10}$;

$(5)(-2)^{100} + (-2)^{101}$;

(6)已知$10^m = 2, 10^n = 3$,求$10^{3m + 2n}$值.

【考点涉及】幂的运算.

【错解呈现】$(1)a^3 \cdot a^4 = a^{12}; (2)a^{10} \div a^5 = a^2; (3)(a^3)^2 = a^9; (4)x^{10} + x^{10} =$

x^{20};(5)$(-2)^{100} + (-2)^{101} = -2^{201}$;(6)$10^{3m+2n} = (10^m)^3 + (10^n)^2 = 2^3 + 3^2 = 17$.

【寻错索因】(1)混淆了幂的乘方和同底数幂的乘法法则,把"指数相加"与"指数相乘"混为一谈;

(2)同底数幂的除法运算,法则是"同底数幂相除,底数不变,指数相减",而不是相除;

(3)幂的乘方,法则是"底数不变,指数相乘",而不是指数乘方;

(4)错误的实质是把合并同类项与同底数幂相乘混淆了,把同底数"相加"错误地当成"相乘";

(5)不理解题目的含义,认为仅是指数间的简单运算,导致错误;

(6)在逆用同底数幂的乘法公式时出现错误.

四基性失误:混淆幂的运算性质,计算基本功不扎实,导致计算失误.

【正解参考】(1)$a^3 \cdot a^4 = a^7$;(2)$a^{10} \div a^5 = a^5$;(3)$(a^3)^2 = a^6$;(4)$x^{10} + x^{10} = 2x^{10}$;(5)$(-2)^{100} + (-2)^{101} = (-2)^{100} \cdot (1-2) = -2^{100}$;(6)$10^{3m+2n} = (10^m)^3 \cdot (10^n)^2 = 2^3 \times 3^2 = 72$.

【反思明理】幂的运算实质上是幂的指数的运算,一定要注意区分:(1)同底数幂相乘,底数不变,指数相加,即$a^m \cdot a^n = a^{m+n}$(m,n都是整数).(2)同底数幂相除,底数不变,指数相减,即$a^m \div a^n = a^{m-n}$($a \neq 0, m, n$都是整数).(3)幂的乘方,底数不变,指数相乘,即$(a^m)^n = a^{mn}$(m,n都是整数).(4)积的乘方,等于把积的每一个因式分别乘方,再把所得的幂相乘,即$(ab)^n = a^n b^n$(n为整数).

易错点八　对底数辨别不清致错

案例11　计算:(1)$-x^2 \cdot (-x)^4 \cdot (-x)^3$;

(2)$(3a+b)^2(3b+a)(3a+b)^3$;

(3)$(m-n)^6 \div (n-m)^3$.

【考点涉及】幂的运算.

【错解呈现】(1)$-x^2 \cdot (-x)^4 \cdot (-x)^3 = (-x)^{2+4+3} = (-x)^9 = -x^9$;

(2)$(3a+b)^2(3b+a)(3a+b)^3 = (3a+b)^{2+1+3} = (3a+b)^6$;

$(3)(m - n)^6 \div (n - m)^3 = (m - n)^{6-3} = (m - n)^3.$

【寻错索因】(1)对底数辨别不清,误以为三个幂的底数都是$-x$,就匆忙运用同底数幂相乘的法则,出现了错误;

$(2)(3a + b)^2$与$(3b + a)$不是同底数幂,不能用同底数幂相乘的法则;

(3)把不同底数的幂相除误认为同底数的幂相除.

心理性失误:观察不仔细,阅读不专注,思考不深入.

【正解参考】$(1)-x^2 \cdot (-x)^4 \cdot (-x)^3 = -x^2 \cdot x^4 \cdot (-x^3) = x^9;$

$(2)(3a + b)^2(3b + a)(3a + b)^3 = (3a + b)^5(3b + a);$

$(3)(m - n)^6 \div (n - m)^3 = (n - m)^6 \div (n - m)^3 = (n - m)^3.$

【反思明理】同底数幂的乘法、除法中的底数可以是单项式,也可以是多项式.底数可以有三个或三个以上,但前提是底数相同.对于底数互为相反数的幂的乘除法运算,一般先把它转化为同底数幂,再运用法则进行计算.

易错点九 指数1与0的混淆致错

案例12 计算:$m^4 \cdot m^2 \cdot m.$

【考点涉及】幂的运算.

【错解呈现】$m^4 \cdot m^2 \cdot m = m^{4+2} = m^6.$

【寻错索因】这里"m"的指数是1,而不是0.心理性失误:观察不仔细,粗心大意致错.

【正解参考】$m^4 \cdot m^2 \cdot m = m^{4+2+1} = m^7.$

【反思明理】指数为1常常省略不写,但指数为0不能省略,要注意区分.指数为1省略不写不要误认为是0.

易错点十 忽视零次幂和负整数指数幂底数不为零致错

案例13 (1)已知$(x + 1)^0 = 1$,则x的取值范围是_____;

使$(y - 2)^{-2}$有意义的y的取值范围是_____.

(2)计算:$(3a - 1)^0.$

【考点涉及】零次幂和负整数指数幂.

【错解呈现】(1)$x \neq 0; y \neq 0$　　(2)$(3a - 1)^0 = 1$.

【寻错索因】(1)对于零次幂和负整数指数幂而言,底数均不能为0,并不是所含字母不为0,而是底数这个整体不为0;

(2)忽视了零次幂的底数为0时无意义.

四基性失误:对零次幂和负整数指数幂疏于考虑"底数不能为0"这个前提条件致错.

【正解参考】(1)$x + 1 \neq 0$,即$x \neq -1$;$y - 2 \neq 0$,即$y \neq 2$.

(2)当$a \neq \dfrac{1}{3}$时,$(3a - 1)^0 = 1$;当$a = \dfrac{1}{3}$时,原式无意义.

【反思明理】当底数为0时,零次幂和负整数指数幂均没有意义.故出现零次幂和负整数指数幂时,一定要考虑"底数不能为0"这个隐含条件.

易错点十一　整式乘除法中遗漏字母或漏项致错

案例14　计算:$(2x^3 y^2 z)(-3ax)$.

【考点涉及】单项式乘以单项式.

【错解呈现】$(2x^3 y^2 z)(-3ax) = -6x^4 y^2$.

【寻错索因】错误的原因是对单项式乘法法则理解不透,单项式乘以单项式时,只在其中一个单项式中出现的因式,要连同它的指数作为积的一个因式,千万不能漏掉.四基性失误:对单项式乘以单项式法则掌握不牢固致错.

【正解参考】$(2x^3 y^2 z)(-3ax) = -6ax^4 y^2 z$.

【反思明理】根据单项式乘以单项式的法则,运算的结果由系数、相同字母及不同字母三部分组成.因此,单项式里出现的每个字母都不能少!

案例15　计算:$3x(2x^2 - y + 1)$.

【考点涉及】单项式乘以多项式.

【错解呈现】$3x(2x^2 - y + 1) = 3x \cdot 2x^2 - 3xy = 6x^3 - 3xy$.

【寻错索因】错在 $3x$ 与 1 没有相乘,即漏乘了最后的常数项.四基性失误:对单项式乘以多项式法则掌握不牢固致错.

【正解参考】$3x(2x^2 - y + 1) = 6x^3 - 3xy + 3x.$

【反思明理】单项式与多项式相乘,一要注意符号的确定,二要注意用单项式分别乘多项式的每一项,尤其不要漏乘常数项,并且项数应与原多项式的项数相同.

案例16 计算:$(2x - 1)(x - 2).$

【考点涉及】多项式乘以多项式.

【错解呈现】$(2x - 1)(x - 2) = 2x \cdot x - 1 \times (-2) = 2x^2 + 2.$

【寻错索因】根据多项式乘以多项式的法则,展开后的项数应是前一个多项式的项数与后一个多项式的项数的积,这里展开后的项数应有四项,显然漏掉了两项.四基性失误:对多项式乘以多项式法则掌握不牢固致错.

【 正 解 参 考 】$(2x - 1)(x - 2) = 2x \cdot x - 2x \cdot 2 - 1 \cdot x - 1 \times (-2) = 2x^2 - 5x + 2.$

【反思明理】进行多项式的乘法运算,一定要掌握运算法则,计算时不要漏乘,相乘时每一项都要包括符号.

案例17 计算:$(-8x^3 y^2 + 12x^2 y - 4x^2) \div (-4x^2).$

【考点涉及】多项式除以单项式.

【错解呈现】原式 $= 2xy^2 - 3y.$

【寻错索因】本例中被除式是三项,而商是两项,漏掉了"$-4x^2 \div (-4x^2)$"这一项.四基性失误:对多项式除以单项式法则掌握不牢固致错.

【正解参考】原式 $= 2xy^2 - 3y + 1.$

【反思明理】多项式除以单项式,其商仍是多项式,且项数和原多项式的项数相同,这是检验是否漏除的方法之一.

易错点十二 **整式乘除法中丢失符号致错**

案例18 计算:$(2x - 3y)(-3x - y).$

【考点涉及】多项式乘以多项式.

【错解呈现】$(2x - 3y)(-3x - y) = -6x^2 - 2xy - 9xy - 3y^2 = -6x^2 - 11xy - 3y^2$.

【寻错索因】当多项式与多项式相乘时,最后两项相乘时丢失了一个符号导致出错.四基性失误:对多项式乘以多项式法则掌握不牢固致错.

【正解参考】$(2x - 3y)(-3x - y) = -6x^2 - 2xy + 9xy + 3y^2 = -6x^2 + 7xy + 3y^2$.

【反思明理】多项式与多项式相乘时,多项式中的每一项都包括它前面的符号.在计算中,要注意确定乘积项中各项的符号,防止出错.

易错点十三 平方差公式运用不当致错

案例19 运用乘法公式计算:

(1)$(3y - 2x)(-3y - 2x)$;

(2)$(3x - 2y)(3x + 2y)$;

(3)$(2x - 1)(2x - 1)$;

(4)$(x - 2y + 3z)(x + 2y - 3z)$.

【考点涉及】平方差公式.

【错解呈现】(1) 原式 $= (3y)^2 - (2x)^2 = 9y^2 - 4x^2$;(2) 原式 $= 3x^2 - 2y^2$;(3) 原式 $= 4x^2 - 1$;(4) 原式 $= [(x - 2y) + 3z][(x + 2y) - 3z] = x^2 - (2y)^2 - (3z)^2 = x^2 - 4y^2 - 9z^2$.

【寻错索因】(1)未理解公式 $(a + b)(a - b) = a^2 - b^2$ 中 a 和 b 的本质,这里的 $-2x$ 相当于公式中的 a,而 $3y$ 则相当于公式中的 b,错解把 a,b 的位置颠倒了.

(2)公式 $(a + b)(a - b) = a^2 - b^2$ 中的 a,b 可以是一个具体的数字或字母,也可以是一个单项式或多项式.式子中的 $3x$ 和 $2y$ 都是单项式,相当于公式中的 a,b,所以在计算时应用括号括起来.

(3)两个因式中两项都相同,没有相反项,所以不能用平方差公式.

(4)误认为可以利用公式$(a + b)(a - b) = a^2 - b^2$,而实际上$x - 2y$与$x + 2y$并不满足公式中的$a$.

四基性失误:对运用平方差公式计算掌握不透彻致错.

【正解参考】(1)原式$= (-2x)^2 - (3y)^2 = 4x^2 - 9y^2$;

(2)原式$= (3x)^2 - (2y)^2 = 9x^2 - 4y^2$;

(3)原式$= (2x - 1)^2 = 4x^2 - 4x + 1$;

(4)原式$= [x - (2y - 3z)][x + (2y - 3z)] = x^2 - (2y - 3z)^2 = x^2 - 4y^2 + 12yz - 9z^2$.

【反思明理】运用平方差公式$(a + b)(a - b) = a^2 - b^2$,必须符合两个条件:第一,两个相乘的多项式的项数相同;第二,两个相乘的多项式中既有相等的项,又有互为相反数的项.这里所有相等的项看作一个整体就是公式中的a.

易错点十四 完全平方公式运用不当致错

案例20 运用乘法公式计算:

(1)$(x + 2y)^2$;

(2)$(-m - 2n)^2$;

(3)$(-2m - n)^2$.

【考点涉及】完全平方公式.

【错解呈现】(1)错解1:原式$= x^2 + 4y^2$,错解2:原式$= x^2 + x \cdot 2y + (2y)^2 = x^2 + 2xy + 4y^2$;

(2)原式$= -m^2 - 4mn - 4n^2$;

(3)原式$= 4m^2 - 2mn + n^2$.

【寻错索因】(1)错解1中漏掉了中间乘积项,这是最常见的错误;错解2中间乘积项忘了"乘2",这也是常会出现的错误.

(2)(3)提供了两种不同的解题方法,以(2)为例,$-m - 2n$可看作$-m$与$-2n$的和或$-m$与$2n$的差或看作m与$2n$的和的相反数.这两题的错误是:一是没找准"这两个数";二是符号错误.

四基性失误:对运用完全平方公式计算掌握不透彻致错.

【正解参考】(1)原式 $= x^2 + 2 \cdot x \cdot 2y + (2y)^2 = x^2 + 4xy + 4y^2$;

(2)原式 $= (m + 2n)^2 = m^2 + 4mn + 4n^2$;

(3)原式 $= (-2m)^2 + 2 \cdot (-2m) \cdot (-n) + (-n)^2 = 4m^2 + 4mn + n^2$.

【反思明理】完全平方公式 $(a \pm b)^2 = a^2 \pm 2ab + b^2$ 的记忆方法:首末和(差)平方=首平方 $\pm 2 \times$ 首 $\times$ 末+末平方(a 叫首项, b 叫末项).记忆口诀为:首平方,尾平方,两倍首尾在中央.

易错点十五　完全平方公式分类漏解致错

案例21　如果 $x^2 + 2(k - 3)x + 16$ 是一个完全平方式,求 k 的值.

【考点涉及】完全平方公式.

【错解呈现】由题意可知, $2(k - 3) = 8$, $\therefore k = 7$.

【寻错索因】完全平方公式包含两数和与两数差的完全平方,因此要分类求解.逻辑性失误:思维不严谨,考虑问题不全面致错.

【正解参考】由题意可知, $2(k - 3) = \pm 8$, $\therefore k = 7$ 或 -1.

【反思明理】 $a^2 \pm 2ab + b^2$ 都属于完全平方式,要同时考虑两种情况,不能漏解.

易错点十六　违背因式分解定义致错

案例22　把下列各式因式分解:

(1) $x^2 - 4 + 3x$;

(2) $x^2 - 3x + 2$;

(3) $(x - y)^2 - (x - y)^3$.

【考点涉及】因式分解.

【错解呈现】(1)原式 $= (x + 2)(x - 2) + 3x$;

(2)原式 $= x^2 \left(1 - \dfrac{3}{x} + \dfrac{2}{x^2} \right)$;

(3)原式 $= (x - y)^2(1 - x + y) = (x^2 - 2xy + y^2)(1 - x + y)$.

【寻错索因】(1)结果形式不是积的形式;

(2)分解出的因式 $1 - \dfrac{3}{x} + \dfrac{2}{x^2}$ 不是整式;

(3)结果又把 $(x - y)^2$ 展开,本末倒置.

四基性失误:对因式分解的定义理解不准确,导致判断失误.

【正解参考】(1)原式 $= (x - 1)(x + 4)$;

(2)原式 $= (x - 1)(x - 2)$;

(3)原式 $= (x - y)^2(1 - x + y)$.

【反思明理】因式分解是把一个多项式化为几个整式积的形式.因式分解与整式乘法是互逆关系,容易混淆.上面第(3)小题就错把 $(x - y)^2$ 化成了 $x^2 - 2xy + y^2$.

易错点十七 因式分解时提公因式不彻底致错

案例23 分解因式: $3x(x - y)^2 + 6xy(y - x)$.

【考点涉及】因式分解.

【错解呈现】原式 $= 3x(x - y)^2 - 6xy(x - y) = (x - y)[3x(x - y) - 6xy] = (x - y)(3x^2 - 9xy)$.

【寻错索因】上述公因式的提取不彻底,正确的公因式应是 $3x(x - y)$.四基性失误:对公因式的概念理解不准确,导致提取公因式不彻底.

【正解参考】原式 $= 3x(x - y)^2 - 6xy(x - y) = 3x(x - y)[(x - y) - 2y] = 3x(x - y)(x - 3y)$.

【反思明理】在运用提公因式法分解因式时,首先确定公因式的因数(取各项系数的最大公约数),然后确定相同字母因式(取各项相同字母的最低次幂),最后确定相同的多项式因式(取各项相同多项式的最低次幂),否则容易出现上述错误中分解不彻底的情形.

易错点十八　因式分解时提公因式失项致错

案例24　分解因式:$m^2n - mn^2 + mn$.

【考点涉及】因式分解.

【错解呈现】原式 = $mn(m - n)$.

【寻错索因】在因式分解过程中,最后一项mn在提取公因式后,把数1丢掉了,由原来的三项式变为两项式.四基性失误:对提公因式法因式分解掌握不牢固致错.

【正解参考】原式 = $mn(m - n + 1)$.

【反思明理】在提取公因式时,如果一个多项式有n项,那么提取公因式后,剩下的多项式仍为n项.错解在提取公因式后,最后一项变成了0.学生之所以认为是0,是以为提取公因式mn后,最后一项已提出,也就没有了.其实提出公因式mn后,剩下的应是原来的多项式$m^2n - mn^2 + mn$除以公因式mn的商式.

易错点十九　运用公式法因式分解有误致错

案例25　把下列各式因式分解:

(1)$81a^2 - 16b^2$;

(2)$2m^3 - 8m$;

(3)$-a^2 + b^2$.

【考点涉及】因式分解.

【错解呈现】(1)原式 = $(81a + 16b)(81a - 16b)$;

(2)原式 = $2m(m^2 - 4) = 2m(m - 2)^2$;

(3)原式 = $(a + b)(a - b)$.

【寻错索因】(1)未理解平方差公式$a^2 - b^2 = (a + b)(a - b)$中的$a,b$的含义,公式中的$a,b$应分别为$9a$和$4b$.

(2)把平方差公式$a^2 - b^2$与完全平方公式$a^2 \pm 2ab + b^2$混为一谈,其实平方差公式在形式上与完全平方公式有本质的区别.一方面,平方差只有两项,而完全平方公式有三项;另一方面,平方差公式中的平方项是异号的,而完全平方公式中的平方项是同号的.

(3)以为平方差公式就是两数和与两数差的积.事实上,平方差公式哪一项写在前面,完全由公式 $a^2 - b^2 = (a + b)(a - b)$ 两项的符号来确定,正号的作为被减数,应写在前面.

四基性失误:对运用公式法因式分解掌握不牢固致错.

【正解参考】(1)原式 $= (9a + 4b)(9a - 4b)$;

(2)原式 $= 2m(m^2 - 4) = 2m(m + 2)(m - 2)$;

(3)原式 $= (b + a)(b - a)$.

【反思明理】应用平方差和完全平方公式因式分解时,需要牢记这两个公式,分析多项式的特点是否符合公式的条件,不可张冠李戴,且要注意辨别公式中的 a 和 b.

易错点二十 因式分解不彻底致错

案例26 把下列各式因式分解:

(1) $81a^4 - b^4$;

(2) $(2a - 3b)^2 - (a + 2b)^2$.

【考点涉及】因式分解.

【错解呈现】(1)原式 $= (9a^2 + b^2)(9a^2 - b^2)$;

(2)原式 $= [(2a - 3b) + (a + 2b)][(2a - 3b) - (a + 2b)]$.

【寻错索因】(1)对相关公式的特点不够敏感、把握不住,分解出来的因式 $9a^2 - b^2$ 没有分解彻底;

(2)因式分解的最后结果中的每一个因式都必须化简,错解中两个因式的小括号应去掉,再合并同类项.化简后还要注意每个因式是否还能继续分解,一直到不能再分解为止.

四基性失误:对因式分解结果的要求不清晰,导致分解不彻底致错.

【正解参考】

（1）原式 $= (9a^2 + b^2)(9a^2 - b^2) = (9a^2 + b^2)(3a + b)(3a - b)$ ；

（2）原式 $= [(2a - 3b) + (a + 2b)][(2a - 3b) - (a + 2b)] = (3a - b)(a - 5b)$.

【反思明理】因式分解要分解彻底，结果不能再提公因式，结果不能再用公式法分解等.

易错点二十一 **因式分解时符号混乱致错**

案例27 把下列各式因式分解：

（1）$-a^2 - 4b^2 + 4ab$ ；

（2）$a(x - y) - b(y - x)^2$.

【考点涉及】因式分解.

【错解呈现】（1）原式 $= -(a^2 - 4b^2 + 4ab)$ ；

（2）原式 $= a(x - y) + b(x - y)^2 = (x - y)(a + bx - by)$.

【寻错索因】（1）提出负号后，括号内的各项没有全部改变符号；

（2）利用变号法则在处理括号问题时出现了符号错误.

四基性失误：因式分解时出现符号错误，基本数学活动经验不足.

【正解参考】（1）原式 $= -(a^2 + 4b^2 - 4ab) = -(a - 2b)^2$ ；

（2）原式 $= a(x - y) - b(x - y)^2 = (x - y)(a - bx + by)$.

【反思明理】对于式子 $(y - x)^n$ ，当变换被减数 y 与减数 x 的位置时，括号前的符号是否需要改变，还得看指数 n ，当 n 是奇数时，$(y - x)^n = -(x - y)^n$. 也就是说，当 n 是奇数时，括号前的符号改变，当 n 是偶数时，则不需要改变.

易错点二十二 **因式分解步骤混乱致错**

案例28 把下列各式因式分解：

（1）$4x^4 - 4$ ；

（2）$4a^4 - 8a^2 + 4$.

【考点涉及】因式分解.

【错解呈现】(1)原式 $=(2x^2+2)(2x^2-2)$;

(2)原式 $=(2a^2)^2-2\cdot 2a^2\cdot 2+2^2=(2a^2-2)^2$.

【寻错索因】因式分解的基本步骤未掌握.应首先考虑提公因式法,然后考虑运用公式法.正是因为未将公因式提出,导致分解不彻底.策略性失误:解题方法不当,步骤混乱.逻辑性失误:思维不严谨,推理不严密.

【正解参考】(1)原式 $=4(x^4-1)=4(x^2+1)(x^2-1)=4(x^2+1)(x+1)(x-1)$;

(2)原式 $=4(a^4-2a^2+1)=4(a^2-1)^2=4(a+1)^2(a-1)^2$.

【反思明理】分解因式的步骤应是:当多项式的各项含有公因式时,通常先提出公因式,再运用公式法或其他方法进一步分解.错解(1)中多项式刚好符合平方差公式,错解(2)中多项式刚好符合完全平方公式,因此学生往往受惯性思维影响而直接运用公式法分解因式,忽视了要先提公因式再分解,导致了分解因式不彻底等错误.

第3课 分式及其运算

★ 知识点——应知应懂 ★

1.分式的概念

(1)了解分式的概念,能确定使分式有意义的条件.

(2)能确定使分式的值为零的条件.

2.分式的性质

(1)理解分式的基本性质,并能进行简单的变形.

(2)能用分式的基本性质进行约分和通分.

3.分式的运算

(1)理解分式的加、减、乘、除运算法则.

(2)会进行简单的分式加、减、乘、除运算.

(3)会选用恰当方法解决与分式有关的问题.

★ 易错点——辨误明理 ★

(1)对分式的概念理解模糊致错.

(2)忽视"分母等于零时分式无意义"致错.

(3)忽视分式的值为零的条件致错.

(4)未正确理解分式基本性质致错.

(5)随意约分致错.

(6)违背运算顺序致错.

(7)臆造除法分配律致错.

(8)忽视分数线的括号作用致错.

(9)运算结果未化简致错.

(10)通分时误去分母致错.

─────────────── ★ 析案例——避误纠错 ★ ───────────────

易错点一 **对分式的概念理解模糊致错**

案例1 下列哪些是分式? 哪些是整式?

①$\dfrac{x^2-1}{\pi}$; ②$\dfrac{1}{m}-3$; ③$\dfrac{1}{2}$.

【考点涉及】整式与分式的概念.

【错解呈现】①③是分式,②是整式.

【寻错索因】分式的定义是形如$\dfrac{A}{B}$,其中A和B都为整式,且分母B中含有字母.①$\dfrac{x^2-1}{\pi}$的分母π是常数,而不是字母;②$\dfrac{1}{m}$是分式,减3后,仍然属于分式;③把分式与分数混淆了.四基性失误:对分式的概念理解模糊致错.

【正解参考】①③是整式,②是分式.

【反思明理】分式的概念是从形式上定的.可以理解为:分式是两个整式相除的商,其中分母是除式,分子是被除式(分数线可以理解为除号),分式的分子可以含有字母,也可以不含字母,但分母必须含有字母.

案例2 判断代数式$\dfrac{(x+1)^2}{x+1}$是分式还是整式.

【考点涉及】整式与分式的概念.

【错解呈现】因为$\dfrac{(x+1)^2}{x+1}=x+1$,$x+1$是整式,所以$\dfrac{(x+1)^2}{x+1}$是整式.

【寻错索因】只要符合$\dfrac{A}{B}$(A,B是整式,且B中含有字母)的形式就是分式,不能根据化简的结果来判断分式.四基性失误:对分式的概念理解模糊致错.

【正解参考】$\dfrac{(x+1)^2}{x+1}$ 是分式.

【反思明理】判断一个代数式是否是分式,不能从原式的化简结果来判断,而要看原式是否符合分式的定义来判断,这点容易忽视.

易错点二　忽视"分母等于零时分式无意义"致错

案例3　先化简 $\left(1+\dfrac{3}{x-1}\right)\div\dfrac{x+2}{x^2-1}$,再选一个你喜欢的 x 值代入求值.

【考点涉及】分式的运算,分式有意义的条件.

【错解呈现】原式化简为 $x+1$,当 $x=1$ 时,原式 $=1+1=2$,或者当 $x=-2$ 时,原式 $=-2+1=-1$.

【寻错索因】当 $x=1$ 和 $x=-2$ 时,原式无意义.心理性失误:审题不仔细,思考不深入,忽略"分母等于零时分式无意义"这个隐含条件.

【正解参考】原式化简为 $x+1$,要使原分式有意义,$x^2-1\neq0$ 且 $x+2\neq0$,即 $x\neq\pm1$ 且 $x\neq-2$,x 除了这3个数外都可以代入求值.

【反思明理】本题求值具有一定的开放性,x 的取值不唯一,要注意分母不为零和除式的分子(化为乘法后转变为分母)$x+2\neq0$,即要保证原式有意义.

案例4　当 x 取何值时,分式 $\dfrac{x+1}{x^2-1}$ 有意义.

【考点涉及】分式有意义的条件.

【错解呈现】$\dfrac{x+1}{x^2-1}=\dfrac{x+1}{(x+1)(x-1)}=\dfrac{1}{x-1}$,

由 $x-1\neq0$,得 $x\neq1$,所以当 $x\neq1$ 时,分式 $\dfrac{x+1}{x^2-1}$ 有意义.

【寻错索因】当 $x=-1$ 时原式无意义.四基性失误:认知结构存在缺陷,分式有意义只需要考虑"分母不等于零"这个条件.

【正解参考】由 $x^2-1\neq0$,得 $x\neq\pm1$,所以当 $x\neq\pm1$ 时,分式 $\dfrac{x+1}{x^2-1}$ 有

意义.

【反思明理】因为分式在约分化简过程中,约去了分母所含字母的整式,不能完全反映整个分母中所含字母的取值范围,所以讨论分式有无意义时,不能先化简再讨论.一定要避免只看化简式而忽视看原式的错误.

案例5 当 x 为何值时,分式 $\dfrac{1}{(x-1)(x-2)}$ 有意义?

【考点涉及】分式有意义的条件.

【错解呈现】要使分式有意义,x 必须满足分母不等于零,即 $(x-1)(x-2) \neq 0$,所以 $x \neq 1$ 或 $x \neq 2$.

【寻错索因】错在"或"与"且"的混用.逻辑性失误:充要关系混乱,思维不严谨,推理不严密.

【正解参考】依题意得,$(x-1)(x-2) \neq 0$,所以 $x \neq 1$ 且 $x \neq 2$.

【反思明理】"或"与"且"是两个完全不同的联结词,"两件事情至少一件发生"用"或","两件事情同时发生"用"且".

易错点三 忽视分式的值为零的条件致错

案例6 当 x 为何值时,分式 $\dfrac{|x|-2}{x+2}$ 的值为0.

【考点涉及】分式的值为零的条件.

【错解呈现】由分子 $|x|-2=0$,得 $x=2$ 或 $x=-2$.

【寻错索因】当 $x=-2$ 时,分母 $x+2=0$,分式无意义.上面的解法忽视了分式的值为零的前提条件是分母不为零.四基性失误:认知结构存在缺陷,分式值为零的条件有二:分子为零且分母不为零.

【正解参考】$x=2$.

【反思明理】考虑问题要顾全大局,不能顾此失彼.分式的值为零的条件有二:分子为零且分母不为零.这两个条件缺一不可,做题时往往忽略了"分母不为零"这个前提条件.

易错点四　未正确理解分式基本性质致错

案例7　不改变分式的值,把 $\dfrac{\frac{1}{2}a-b}{\frac{1}{3}a+b}$ 的分子、分母中的系数都化为整数.

【考点涉及】分式的基本性质.

【错解呈现】原式 $=\dfrac{\left(\frac{1}{2}a-b\right)\times 2}{\left(\frac{1}{3}a+b\right)\times 3}=\dfrac{a-2b}{a+3b}$.

【寻错索因】分式的基本性质是分式的分子与分母都乘以(或除以)同一个不等于零的整式,分式的值不变.而此题分子与分母所乘的不是同一个数,这就违背了分式的基本性质.四基性失误:认知结构存在缺陷,对分式基本性质理解错误.

【正解参考】原式 $=\dfrac{\left(\frac{1}{2}a-b\right)\times 6}{\left(\frac{1}{3}a+b\right)\times 6}=\dfrac{3a-6b}{2a+6b}$.

【反思明理】任何一个代数式的变形或化简的前提是它的值不发生改变.本题中分式的变形依据是分式的基本性质,分子、分母切不可同时乘以一个不相等的数或式子.

易错点五　随意约分致错

案例8　化简: $\dfrac{x^2}{xy+x^2}$.

【考点涉及】分式的约分.

【错解呈现】 $\dfrac{x^2}{xy+x^2}=\dfrac{1}{xy}$.

【寻错索因】上述错解是因为对约分及分式的基本性质理解不足.约分

是依据分式的基本性质,约去分式的分子和分母的公因式的一种变形.即分式的分子、分母同除以公因式(分子、分母中所含相同的因式),而不是约去分子、分母中相同的项.四基性失误:认知结构存在缺陷,不能掌握分式的约分.心理性失误:审题浮躁,理解肤浅.

【正解参考】$\dfrac{x^2}{xy + x^2} = \dfrac{x^2}{x(x + y)} = \dfrac{x}{x + y}$.

【反思明理】约分是把分式的分子与分母的公因式约去,是对分子、分母的整体进行的运算,也就是分子的整体和分母的整体都除以同一个因式,切不可犯部分约分的错误.

易错点六 违背运算顺序致错

案例9 计算:$\dfrac{2a - 4}{a^2 + 6a + 9} \div \dfrac{a - 2}{a + 3} \cdot (a + 3)$.

【考点涉及】分式的乘除混合运算.

【错解呈现】原式$= \dfrac{2(a - 2)}{a^2 + 6a + 9} \div (a - 2) = \dfrac{2}{a^2 + 6a + 9}$.

【寻错索因】错解的原因是运算顺序不对.分式的乘除混合运算是同一级运算,应将除法运算转化为乘法运算,按照从左到右的顺序进行.逻辑性失误:思维不严谨,推理不严密.

【正解参考】原式$= \dfrac{2a - 4}{a^2 + 6a + 9} \cdot \dfrac{a + 3}{a - 2} \cdot (a + 3) = 2$.

【反思明理】同级运算应从左向右依次进行.

易错点七 臆造除法分配律致错

案例10 计算:$\dfrac{1}{x^2 - y^2} \div \left(\dfrac{1}{x + y} + \dfrac{1}{x - y} \right)$.

【考点涉及】分式的除法运算.

【错解呈现】原式$= \dfrac{1}{x^2 - y^2} \div \dfrac{1}{x + y} + \dfrac{1}{x^2 - y^2} \div \dfrac{1}{x - y} = \dfrac{1}{x - y} + \dfrac{1}{x + y} =$

$\dfrac{2x}{x^2 - y^2}.$

【寻错索因】错解的原因是把乘法分配律 $a(m + n) = am + an$ 套用在除法运算中.四基性失误:混淆运算律,认知结构存在缺陷,基本数学活动经验不足.

【正解参考】原式 $= \dfrac{1}{x^2 - y^2} \div \dfrac{2x}{x^2 - y^2} = \dfrac{1}{2x}.$

【反思明理】此题错用了分配律,乘法具有对加法的分配律,而除法不具有.做题时要避免犯这种想当然的错误.

易错点八 忽视分数线的括号作用致错

案例11 计算: $\dfrac{3a + b}{a + b} - \dfrac{a - b}{a + b}.$

【考点涉及】分式的加减运算.

【错解呈现】原式 $= \dfrac{3a + b - a - b}{a + b} = \dfrac{2a}{a + b}.$

【寻错索因】此题的解题过程中,忽略了分数线表示括号的含义,忘了添上括号而导致错误.四基性失误:认知结构存在缺陷,顾此失彼,基本数学活动经验不足.

【正解参考】$\dfrac{3a + b}{a + b} - \dfrac{a - b}{a + b} = \dfrac{(3a + b) - (a - b)}{a + b} = \dfrac{3a + b - a + b}{a + b} = \dfrac{2(a + b)}{a + b} = 2.$

【反思明理】分数线包含两层意思:①代表除号;②代表括号.当分式做减法运算时,一定要注意符号的变化,当减式的分子是多项式时,通分时应将分子用括号括起来.

案例12 化简: $\dfrac{x^2}{x - 1} - x - 1.$

【考点涉及】分式的通分,分式的加减运算.

【错解呈现】原式 $= \dfrac{x^2}{x - 1} - \dfrac{x - 1}{1} = \dfrac{x^2 - (x - 1)^2}{x - 1} = \dfrac{2x - 1}{x - 1}.$

【寻错索因】在添分数线时忽略了分数线的括号作用,当分数线前面有"−"时,分子没有变号而致错.四基性失误:认知结构存在缺陷,顾此失彼,基本数学活动经验不足.

【正解参考】原式 $= \dfrac{x^2}{x-1} - \dfrac{x+1}{1} = \dfrac{x^2 - (x+1)(x-1)}{x-1} = \dfrac{1}{x-1}$.

【反思明理】分数线具有除号和括号的双重作用,当分母为1,添加分数线时,如果分数线前面是"−",那么分子各项都要变号.

易错点九　运算结果未化简致错

案例13　计算: $\dfrac{12}{m^2-9} + \dfrac{2}{3-m}$.

【考点涉及】分式的通分,分式的加减运算.

【错解呈现】原式 $= \dfrac{12}{(m+3)(m-3)} - \dfrac{2}{m-3} = \dfrac{12-2(m+3)}{(m+3)(m-3)} = \dfrac{-2m+6}{(m+3)(m-3)}$.

【寻错索因】分式运算的结果应化为最简分式,而错解中的分子与分母仍然有公因式 $(m-3)$,必须进行约分化简.四基性失误:认知结构存在缺陷,基本数学活动经验不足.

【正解参考】原式 $= \dfrac{-2m+6}{(m+3)(m-3)} = \dfrac{-2(m-3)}{(m+3)(m-3)} = -\dfrac{2}{m+3}$.

【反思明理】一个分式的分子和分母没有公因式时,这个分式称为最简分式.约分时,须将分式化为最简分式或整式.

易错点十　通分时误去分母致错

案例14　计算: $\dfrac{x^3-x^2+2}{x-1} - x^2 + 2$.

【考点涉及】分式的通分,分式的加减运算.

【错解呈现】错解1:原式 $= x^3 - x^2 + 2 + (-x^2+2)(x-1) = x^3 - x^2 + 2 - x^3 + x^2 + 2x - 2 = 2x$;

错解 2: 原式 $= \dfrac{x^3 - x^2 + 2}{x - 1} + \dfrac{(-x^2 + 2)(x - 1)}{x - 1} = x^3 - x^2 + 2 - x^3 + x^2 + 2x - 2 = 2x.$

【寻错索因】将分式的通分与解方程去分母混淆了，通分不是去分母。四基性失误：认知结构存在缺陷，基本数学活动经验不足。

【正解参考】原式 $= \dfrac{x^3 - x^2 + 2 - x^3 + x^2 + 2x - 2}{x - 1} = \dfrac{2x}{x - 1}.$

【反思明理】分式计算是恒等变形，化简前后的式子的值必须相等。分式化简的每一步变形的依据都是分式的基本性质，通分要保留分母，而不是去分母。

第4课 二次根式

★ **知识点——应知应懂** ★

1. 二次根式及其性质

(1)了解二次根式的概念,确定使二次根式有意义的条件.

(2)能根据二次根式的性质对代数式作简单变形;能在给定的条件下,确定字母的值.

2. 二次根式的化简和运算

(1)理解二次根式的加、减、乘、除运算法则.

(2)会进行二次根式的化简,能进行二次根式的混合运算(不要求分母有理化).

★ **易错点——辨误明理** ★

(1)对二次根式的概念理解不清致错.

(2)忽视有关性质成立的条件致错.

(3)误用二次根式双重非负性致错.

(4)违背运算顺序致错.

(5)误用"分配律"致错.

(6)根号外的数(式)与根号内的数(式)约分致错.

(7)把被开方数的和与积混淆致错.

(8)化简二次根式不当致错.

(9)二次根式化简不彻底致错.

（10）忽视隐含条件致错.

★ 析案例——避误纠错 ★

易错点一 对二次根式的概念理解不清致错

案例1 仔细辨析下列式子,其中是二次根式的是_____.

$\sqrt{6}, \sqrt[3]{11}, \sqrt{x+y}, \sqrt{z^2}, \sqrt{|x|}, \sqrt{1+a^2}$.

【考点涉及】二次根式的概念.

【错解呈现】$\sqrt{6}, \sqrt{x+y}, \sqrt{|x|}, \sqrt{1+a^2}$.

【寻错索因】二次根式是形如$\sqrt{a}$ $(a \geqslant 0)$的式子.$\sqrt{x+y}$中被开方数$x+y$可能小于0,应排除;或将$\sqrt{z^2}$化简后排除.四基性失误:对二次根式的概念理解不清晰致错.

【正解参考】$\sqrt{6}, \sqrt{z^2}, \sqrt{|x|}, \sqrt{1+a^2}$.

【反思明理】判断式子是否为二次根式时,形式和实质都要注意.形式是形如$\sqrt{a}$的式子(根指数为2),实质是这里被开方数a必须为非负数.学生容易犯的错误是只关注到$\sqrt{a}$这个形式,而忽略了$a \geqslant 0$这个前提条件.

案例2 若$\sqrt[a+b]{4b}$与$\sqrt{3a+b}$是同类二次根式,求a,b的值.

【考点涉及】同类二次根式的概念.

【错解呈现】由题意得,$\begin{cases} a+b=2, \\ 4b=3a+b, \end{cases}$ 解得$\begin{cases} a=1, \\ b=1. \end{cases}$

【寻错索因】致错原因是未能理解同类二次根式的概念,只关注根指数为2且被开方数相等,而忽略了被开方数相等的前提是先化为最简二次根式.本题$\sqrt[a+b]{4b}=2\sqrt[a+b]{b}$,被开方数$b=3a+b$才正确.四基性失误:对同类二次根式的概念理解不准确.心理性失误:审题浮躁,理解浮浅.

【正解参考】因为 $^{a+b}\sqrt{4b} = 2^{a+b}\sqrt{b}$，所以 $\begin{cases} a+b=2, \\ b=3a+b, \end{cases}$ 解得 $\begin{cases} a=0, \\ b=2. \end{cases}$

【反思明理】同类二次根式必须满足以下两个条件：一是最简二次根式；二是被开方数相等．判断是不是同类二次根式的前提是先看它们是不是最简二次根式，若不是，则先化简，再看被开方数是否相等．

案例 3 若最简二次根式 $\sqrt{1+a}$ 与 $\sqrt{4a^2-2}$ 是同类二次根式，求 a 的值．

【考点涉及】同类二次根式和最简二次根式的定义．

【错解呈现】由 $1+a=4a^2-2$，解得 $a=1$ 和 $a=-\dfrac{3}{4}$.

【寻错索因】根据同类二次根式的定义算出 a 值后，并没有考虑到最简二次根式这个已知条件，当 $a=-\dfrac{3}{4}$ 时，被开方数为 $\dfrac{1}{4}$，不符合题意，应舍去．四基性失误：对同类二次根式和最简二次根式的概念理解不准确．心理性失误：审题浮躁，理解浮浅．

【正解参考】由 $1+a=4a^2-2$，解得 $a=1$ 和 $a=-\dfrac{3}{4}$. 当 $a=-\dfrac{3}{4}$ 时，被开方数为 $\dfrac{1}{4}$，不是最简二次根式，应舍去，故 $a=1$.

【反思明理】本题要两次考虑最简二次根式：一是同类二次根式以最简二次根式为前提；二是根据题设中最简二次根式的要求，算出 a 值后一定要代入二次根式中看它是否符合最简二次根式这个条件．

易错点二 忽视有关性质成立的条件致错

案例 4 计算：$\sqrt{(-25)(-16)}$.

【考点涉及】二次根式的化简．

【错解呈现】$\sqrt{(-25)(-16)} = \sqrt{-25} \times \sqrt{-16} = (-5) \times (-4) = 20$.

【寻错索因】虽然结果正确，但过程错误，$\sqrt{-25}$ 和 $\sqrt{-16}$ 都没有意义．心理性失误：思维定式，观察不仔细．

【正解参考】$\sqrt{(-25)(-16)} = \sqrt{25 \times 16} = 5 \times 4 = 20$.

【反思明理】本题没有考虑到"$\sqrt{ab} = \sqrt{a} \cdot \sqrt{b}$"的使用条件是"$a \geqslant 0, b \geqslant 0$".

案例5 化简：$\dfrac{x - y}{\sqrt{x} + \sqrt{y}}$.

【考点涉及】二次根式的化简.

【错解呈现】$\dfrac{x - y}{\sqrt{x} + \sqrt{y}} = \dfrac{(x - y)(\sqrt{x} - \sqrt{y})}{(\sqrt{x} + \sqrt{y})(\sqrt{x} - \sqrt{y})} = \dfrac{(x - y)(\sqrt{x} - \sqrt{y})}{x - y} = \sqrt{x} - \sqrt{y}$.

【寻错索因】答案正确但过程错误.上面的解法忽视了分式的基本性质,即 $\dfrac{A}{B} = \dfrac{A \cdot M}{B \cdot M}$ 成立的条件是 $M \neq 0$,上面解法中分子、分母同时乘以的 $\sqrt{x} - \sqrt{y}$ 有可能为0.本题不能用此方法化简,可借用因式分解法处理.逻辑性失误:思维不严谨,推理不严密.

【正解参考】$\dfrac{x - y}{\sqrt{x} + \sqrt{y}} = \dfrac{(\sqrt{x} + \sqrt{y})(\sqrt{x} - \sqrt{y})}{(\sqrt{x} + \sqrt{y})} = \sqrt{x} - \sqrt{y}$.

【反思明理】含有分数线的式子在变形时,如果分子、分母同时乘以或除以一个含有字母的式子,一定要考虑这个式子是否为0.若式子为0,则原式无意义,因为只有这个式子不为0时才能进行乘除运算.

易错点三　误用二次根式双重非负性致错

案例6 已知 $b = \sqrt{a - 2} + \sqrt{2 - a} - 3$,求 ab 值.

【考点涉及】二次根式中被开方数的非负性.

【错解呈现】依题意,得 $\begin{cases} \sqrt{a - 2} \geqslant 0, \\ \sqrt{2 - a} \leqslant 0, \end{cases}$ 解得 $a = 2$,所以 $b = -3$, $ab = 2 \times (-3) = -6$.

【寻错索因】二次根式 $\sqrt{a}$ $(a \geqslant 0)$ 具有双重非负性.一方面,被开方数

$a \geq 0$,另一方面,二次根式结果 $\sqrt{a} \geq 0$.本题用到的是被开方数的非负性,错误以为是二次根式结果的非负性.四基性失误:混淆了二次根式的双重非负性,基本数学活动经验不足.

【正解参考】依题意,得 $\begin{cases} a - 2 \geq 0, \\ 2 - a \leq 0, \end{cases}$ 解得 $a = 2$,所以 $b = -3$,$ab = 2 \times (-3) = -6$.

【反思明理】二次根式 $\sqrt{a}\ (a \geq 0)$ 具有双重非负性,只有在"如果几个非负数相加为零,那么这几个非负数都为零"这个模型中才用到二次根式结果的非负性,其他情况一般用到的是被开方数的非负性.

易错点四 违背运算顺序致错

案例7 计算:$5 \div \sqrt{5} \times \dfrac{1}{\sqrt{5}}$.

【考点涉及】二次根式乘除混合运算.

【错解呈现】原式 $= 5 \div 1 = 5$.

【寻错索因】乘除是同一级运算,按运算顺序的规定,应从左到右依次进行运算,此题运算顺序有误.逻辑性失误:思维不严谨,推理不严密.

【正解参考】原式 $= 5 \times \dfrac{1}{\sqrt{5}} \times \dfrac{1}{\sqrt{5}} = 1$.

【反思明理】同一级运算应从左向右运算,切莫"眼疾手快"看到容易计算的部分就急于开始计算.

易错点五 误用"分配律"致错

案例8 计算:$\sqrt{6} \div \left(\dfrac{1}{\sqrt{3}} + \dfrac{1}{\sqrt{2}} \right)$.

【考点涉及】二次根式的除法运算.

【错解呈现】原式 $= \sqrt{6} \div \dfrac{1}{\sqrt{3}} + \sqrt{6} \div \dfrac{1}{\sqrt{2}} = \sqrt{6} \times \sqrt{3} + \sqrt{6} \times \sqrt{2} =$

$3\sqrt{2} + 2\sqrt{3}$.

【寻错索因】错解的原因是把和对除数的分配,即 $(a + b) \div c = (a + b) \cdot$ $\dfrac{1}{c} = \dfrac{a}{c} + \dfrac{b}{c}$,误解为除数对和的分配.四基性失误:混淆运算律,存在认知结构缺陷,基本数学活动经验不足.

【正解参考】原式 $= \sqrt{6} \div \dfrac{\sqrt{2} + \sqrt{3}}{\sqrt{6}} = \sqrt{6} \times \dfrac{\sqrt{6}}{\sqrt{2} + \sqrt{3}} =$ $\dfrac{6(\sqrt{3} - \sqrt{2})}{3 - 2} = 6\sqrt{3} - 6\sqrt{2}$.

【反思明理】除法没有分配律,在进行除法运算时,如果除数是和的形式,一般先算括号内的,再进行除法运算,也可以利用倒数关系巧妙解决.

易错点六 根号外的数(式)与根号内的数(式)约分致错

案例9 计算:$\dfrac{\sqrt{12} + \sqrt{27}}{3}$.

【考点涉及】二次根式的化简.

【错解呈现】原式 $= \sqrt{\dfrac{12}{3}} + \sqrt{\dfrac{27}{3}} = \sqrt{4} + \sqrt{9} = 2 + 3 = 5$.

【寻错索因】错在把根号外的"3"与根号内的"12""27"直接约分.根据运算性质,应将根号内能开得尽方的因数(式)开方后,再与根号外的因式相除.心理性失误:思维抑制,导致低级错误的出现.

【正解参考】原式 $= \dfrac{2\sqrt{3} + 3\sqrt{3}}{3} = \dfrac{5}{3}\sqrt{3}$.

【反思明理】根号内与根号外的数或因式绝对不能约分.

易错点七 把被开方数的和与积混淆致错

案例10 化简:$(1)\sqrt{3^2 + 4^2}$;

$(2)\sqrt{10^2 - 6^2}$.

【考点涉及】二次根式的化简.

【错解呈现】$(1)\sqrt{3^2+4^2}=3+4=7$；$(2)\sqrt{10^2-6^2}=10-6=4$.

【寻错索因】上述错解把被开方数是和的形式模仿 $\sqrt{a^2b^2}=ab(a\geqslant 0,b\geqslant 0)$ 进行运算了. 心理性失误：思维抑制，导致低级错误的出现.

【正解参考】$(1)\sqrt{3^2+4^2}=\sqrt{25}=5$；$(2)\sqrt{10^2-6^2}=\sqrt{(10+6)(10-6)}=\sqrt{16\times 4}=4\times 2=8$.

【反思明理】符号"$\sqrt{}$"代表开平方，也起着括号作用. 对于不能用二次根式性质计算的，根号内的运算要首先进行.

易错点八　化简二次根式不当致错

案例11　计算：$3\sqrt{27}-\sqrt{3}$.

【考点涉及】二次根式的减法.

【错解呈现】原式 $=3\sqrt{3}-\sqrt{3}=2$.

【寻错索因】错误原因有二：一是在化简 $\sqrt{27}$ 时，得到了 $3\sqrt{3}$，而 $\sqrt{27}$ 前面本身也有 3，发生混淆，漏乘了根号外的系数 3；二是在合并同类二次根式时只关注了系数相加减，而漏掉了根号本身. 四基性失误：对二次根式的化简和合并掌握不牢固，基本数学活动经验不足.

【正解参考】原式 $=9\sqrt{3}-\sqrt{3}=8\sqrt{3}$.

【反思明理】化简二次根式要依据二次根式的性质，合并二次根式要依据合并同类二次根式的法则，不可随意地化简或计算.

案例12　计算：$-\sqrt{1.6}+\sqrt{8}+\sqrt{\dfrac{2}{5}}-\sqrt{4\dfrac{1}{2}}$.

【考点涉及】二次根式的加减法.

【错解呈现】原式 $=-0.4+2\sqrt{2}+\dfrac{\sqrt{10}}{5}-2\sqrt{\dfrac{1}{2}}=-0.4+2\sqrt{2}+\dfrac{\sqrt{10}}{5}-\sqrt{2}=-0.4+\sqrt{2}+\dfrac{\sqrt{10}}{5}$.

【寻错索因】错误原因有二:一是 $\sqrt{1.6} \neq 0.4$;二是 $\sqrt{4\frac{1}{2}} \neq 2\sqrt{\frac{1}{2}}$.四基性失误:认知结构存在缺陷.心理性失误:思维抑制,导致低级错误的出现.

【正解参考】原式 $= -\frac{2}{5}\sqrt{10} + 2\sqrt{2} + \frac{\sqrt{10}}{5} - \frac{3}{2}\sqrt{2} = -\frac{1}{5}\sqrt{10} + \frac{\sqrt{2}}{2}$.

【反思明理】化简二次根式时,若被开方数是不能完全开方的小数时,先把它化为分数再化简;若被开方数是带分数时,先把它化为假分数再化简.

易错点九 二次根式化简不彻底致错

案例 13 计算:$\sqrt{20} - \sqrt{5} + \sqrt{0.2} - \frac{\sqrt{2}}{\sqrt{10}}$.

【考点涉及】二次根式的化简.

【错解呈现】原式 $= 2\sqrt{5} - \sqrt{5} + \sqrt{0.2} - \frac{1}{\sqrt{5}} = \sqrt{5} + \sqrt{0.2} - \frac{1}{\sqrt{5}}$.

【寻错索因】错误有二:一是在化简二次根式时,被开方数是小数时应化成分数,0.2 应看成分数 $\frac{1}{5}$,然后继续化简;二是形如 $\frac{1}{\sqrt{5}}$ 这种分母中含有根号的式子不是最简二次根式,须进行分母有理化.四基性失误:对最简二次根式概念理解不透,基本数学活动经验不足.

【正解参考】原式 $= 2\sqrt{5} - \sqrt{5} + \frac{\sqrt{5}}{5} - \frac{\sqrt{5}}{5} = \sqrt{5}$.

【反思明理】二次根式化简的结果若还是二次根式,则必须是最简二次根式.最简二次根式需要满足三个条件:①被开方数是整数或整式;②被开方数不含有能开得尽方的因数或因式;③分母中不含有根号.

易错点十 忽视隐含条件致错

案例 14 已知 $a + b = -3$,$ab = \frac{1}{3}$,求 $\sqrt{\frac{a}{b}} + \sqrt{\frac{b}{a}}$ 的值.

【考点涉及】二次根式的化简求值.

【错解呈现】原式 $= \dfrac{\sqrt{b}}{\sqrt{a}} + \dfrac{\sqrt{a}}{\sqrt{b}} = \dfrac{a+b}{\sqrt{ab}} = -3 \div \sqrt{\dfrac{1}{3}} = -3\sqrt{3}$.

【寻错索因】由条件 $a + b = -3, ab = \dfrac{1}{3}$，可知本题的隐含条件是 $a <$

$0, b < 0$，因此 $\sqrt{\dfrac{a}{b}} = \dfrac{\sqrt{a}}{\sqrt{b}}$ 不成立. 心理性失误: 思考不深入, 忽略隐含条件.

【正解参考】$\because\ a + b = -3, ab = \dfrac{1}{3}$,

$\therefore\ a < 0, b < 0$.

$\therefore$ 原式 $= \sqrt{\dfrac{ab}{a^2}} + \sqrt{\dfrac{ab}{b^2}} = \dfrac{\sqrt{ab}}{\sqrt{a^2}} + \dfrac{\sqrt{ab}}{\sqrt{b^2}}$

$= -\dfrac{\sqrt{ab}}{a} - \dfrac{\sqrt{ab}}{b} = -\dfrac{\sqrt{ab}\ (a+b)}{ab}$

$= -\dfrac{\sqrt{\dfrac{1}{3}} \times (-3)}{\dfrac{1}{3}} = 3\sqrt{3}$.

【反思明理】化简被开方数中含有字母的二次根式时, 需要根据已知条件或隐含条件先弄清楚这些字母的取值范围, 然后才能进一步化简.

案例15 若 $x = \dfrac{1}{2 + \sqrt{3}}$, 求 $\dfrac{x^2 - 1}{x + 1} - \dfrac{\sqrt{x^2 - 2x + 1}}{x^2 - x}$ 的值.

【考点涉及】二次根式的化简求值.

【错解呈现】$x = \dfrac{1}{2 + \sqrt{3}} = 2 - \sqrt{3}$,

原式 $= \dfrac{(x+1)(x-1)}{x+1} - \dfrac{\sqrt{(x-1)^2}}{x(x-1)}$

$= \dfrac{(x+1)(x-1)}{x+1} - \dfrac{x-1}{x(x-1)}$

$= x - 1 - \dfrac{1}{x} = 2 - \sqrt{3} - 1 - (2 + \sqrt{3}) = -1 - 2\sqrt{3}$.

【寻错索因】错解是由于忽视了题设中"$x - 1 < 0$"这一隐含条件, 在化

简 $\sqrt{(x-1)^2}$ 时出错.四基性失误:认知结构存在缺陷,忽视公式运用条件.

【正解参考】$\because x = \dfrac{1}{2+\sqrt{3}} = 2 - \sqrt{3}, \therefore x - 1 = 1 - \sqrt{3} < 0.$

$\therefore$ 原式 $= \dfrac{(x+1)(x-1)}{x+1} - \dfrac{\sqrt{(x-1)^2}}{x(x-1)}$

$= \dfrac{(x+1)(x-1)}{x+1} - \dfrac{1-x}{x(x-1)}$

$= x - 1 + \dfrac{1}{x} = 2 - \sqrt{3} - 1 + 2 + \sqrt{3} = 3.$

【反思明理】本题在化简时忽视了隐含条件"$x-1<0$",从而犯了 "$\sqrt{a^2}=a$"这个错误,其实应该是 $\sqrt{a^2} = |a|$. 本题中的 $\sqrt{(x-1)^2} = 1 - x$,而不是 $\sqrt{(x-1)^2} = x - 1.$

案例16 计算:$\sqrt{-x^3} - x\sqrt{-\dfrac{1}{x}}.$

【考点涉及】二次根式的化简.

【错解呈现】原式 $= \sqrt{-x^2 x} - x\sqrt{-\dfrac{x}{x^2}} = x\sqrt{-x} - \sqrt{-x} = (x-1)\sqrt{-x}.$

【寻错索因】没有注意隐含条件"被开方数是非负数",$-x^3 \geq 0$, $-\dfrac{1}{x} \geq 0$ 且 $x \neq 0$,故 $x < 0$,从而导致过程与结果均错误.四基性失误:存在认知结构缺陷,忽视公式运用条件,导致计算推理失误.

【正解参考】依题意知 $x < 0$, $\therefore$ 原式 $= \sqrt{-x^2 x} - x\sqrt{-\dfrac{x}{x^2}} = -x\sqrt{-x} +$

$\sqrt{-x} = (1-x)\sqrt{-x}.$

【反思明理】二次根式的计算、化简都要考虑"被开方数是非负数"这个隐含条件.

第二单元　方程（组）与不等式（组）

　　"方程(组)与不等式(组)"是初中数学教学的重要内容,在现实生活中具有极其广泛的应用.从数学学科看,方程(方程组)是代数学的核心内容,对于方程的研究推动了代数学的发展.等式和不等式的基本性质是解方程(组)和解不等式(组)的依据.

　　列方程解应用题是初中数学教学的重要内容,也是学生学习过程中遇到困难较多的内容.通过列方程解应用题的教学,教师可以培养学生分析问题和解决问题的能力.而由于应用题可以千变万化,所以往往不能套用一些现成的模式,学生需要具备较强的审题能力、分析问题能力、解方程能力和求根判断取舍能力.

第1课 一次方程（组）及其应用

★ **知识点——应知应懂** ★

(1)掌握等式的基本性质.

(2)掌握一元一次方程的解法.

(3)理解估算方程的解.

(4)掌握可化为一元一次方程的分式方程的解法.

(5)掌握一次方程(组)解应用题的方法,并检验方程(组)的解是否合理.

★ **易错点——辨误明理** ★

(1)漏解或出现多解情况.

(2)一次方程的应用问题中弄不清等量关系.

★ **析案例——避误纠错** ★

易错点一 漏解或出现多解情况

案例1 下列方程中,哪个方程的解是 $x = 4$（   ）

A. $x(x - 4) = -2(x - 4)$　　　　B. $-3x + 8 = -5x$

C. $3x - 2 = 10$　　　　D. $3(x + 2) = 3x + 2$

【考点涉及】方程的解.

【错解呈现】$\because x(x - 4) = -2(x - 4)$,

∴ 方程的解是 $x = 4$.

选 A.

【寻错索因】A 中的 $x = 4$ 是一眼看上去的结果,其实该方程还有 $x = -2$ 这个解.同时,我们在解 A 中方程时,也不能随便约去 $(x - 4)$,从而使得方程少一个解.心理性失误:审题不清,观察不仔细.

【正解参考】

A. $x = 4$ 是一眼看上去的结果,该方程的解还有 $x = -2$.故本选项错误.

B. 方程左边 $= -3 \times 4 + 8 = -4$,右边 $= -5 \times 4 = -20$.故本选项错误.

C. 方程左边 $= 3 \times 4 - 2 = 10$,右边 $= 10$.故本选项正确.

D. 方程左边 $= 3 \times (4 + 2) = 18$,右边 $= 3 \times 4 + 2 = 14$.故本选项错误.

选 C.

【反思明理】本题一般会在试卷的前三题出现,前三题也是许多考试中常见的错误高发区.因此,考生要审题清晰,看清每一个选项再做选择,切勿断章取义!

易错点二 一次方程的应用问题中弄不清等量关系

案例2 《九章算术》中有一道阐述"盈不足术"的问题,原文如下:今有人共买物,人出八,盈三;人出七,不足四.问人数,物价各几何? 译文为:现有一些人共同买一个物品,每人出 8 元,还盈余 3 元;每人出 7 元,则还差 4 元.问共有多少人? 这个物品的价格是多少? 设这个物品的价格是 x 元,则可列方程为（   ）

A. $8x + 3 = 7x + 4$　　　　B. $8x - 3 = 7x + 4$

C. $\dfrac{x - 3}{8} = \dfrac{x + 4}{7}$　　　　D. $\dfrac{x + 3}{8} = \dfrac{x - 4}{7}$

【考点涉及】一元一次方程的应用.

【错解呈现】错解1:设共有 x 人,

由于物品价格不变,可列方程为 $8x - 3 = 7x + 4$.选 B.

错解2:设这个物品的价格是 x 元,

由于人数不变,可列方程为 $\frac{x-3}{8} = \frac{x+4}{7}$. 选 C.

【寻错索因】错解1:忽略原题已经设好的"物品的价格是 x 元",自列等量关系,造成与题意不符;

错解2:关于题中"余3"和"差4"的理解,并不是表面的,要根据拟定的等量关系,即人数不变来列方程.

心理性失误:审题肤浅,观察不仔细,思维定式致错.

【正解参考】设这个物品的价格是 x 元,

由于人数不变,可列方程为 $\frac{x+3}{8} = \frac{x-4}{7}$.

选 D.

【反思明理】同一个实际问题,可以用不同的等量关系来列方程,仔细审题,按题意作答,同时注意总量与加减问题.

案例3 某中学为创建园林学校,购买了若干桂花树苗,计划把迎宾大道的一侧全部栽上桂花树(两端必须各栽一棵),并且每两棵树的间隔相等.如果每隔5米栽1棵,则树苗缺11棵;如果每隔6米栽1棵,则树苗正好用完,求购买了桂花树苗多少棵?

【考点涉及】一元一次方程的应用.

【错解呈现】设购买了桂花树苗 x 棵,

∵ 大道总长度不变,

∴ 可列方程为 $5(x+11) = 6x$,

解得 $x = 55$.

答:购买了桂花树苗55棵.

【寻错索因】用"总棵数×树间距"来表达道路总长度是一种错误的理解.若一棵树表示一段树间距,则最后一棵树是没有树间距可以搭配的.因此,在计算整个道路的总长度时,应该是"(总棵数−1)×树间距",其中"1"则代表最后一棵树.

四基性失误:认知结构存在缺陷.

【正解参考】设购买了桂花树苗 x 棵，

∵大道总长度不变，

∴可列方程为 $5(x + 11 - 1) = 6(x - 1)$，

解得 $x = 56$.

答：购买了桂花树苗56棵.

【反思明理】栽树问题是一道经典的实际问题，用道路总长度作等量关系再合适不过. 当树间距不断变化时，树的棵数也在变化，而不变的是道路总长度.

案例4 现用190张铁皮做盒子，每张铁皮可以做8个盒身或做22个盒底，而一个盒身与两个盒底配成一个盒子. 设用 x 张铁皮做盒身，y 张铁皮做盒底，则可列方程组为（　　　）

A. $\begin{cases} x + y = 190 \\ 2 \times 8x = 22y \end{cases}$ 　　　B. $\begin{cases} x + y = 190 \\ 2 \times 22y = 8x \end{cases}$

C. $\begin{cases} 2y + x = 190 \\ 8x = 22y \end{cases}$ 　　　D. $\begin{cases} 2y + x = 190 \\ 2 \times 8x = 22y \end{cases}$

【考点涉及】二元一次方程组的应用.

【错解呈现】由题意，列方程组为 $\begin{cases} x + y = 190, \\ 2 \times 22y = 8x. \end{cases}$ 选B.

【寻错索因】关于成比例问题，可有如下正解的这段分析过程，即"由一个盒身与两个盒底配成一个盒子，得身数：底数=1：2，即 2×身数=底数"，这样就不会将22与8的位置关系弄反.

策略性失误：方法使用不当.

【正解参考】解：由190张铁皮，得 $x + y = 190$，

由一个盒身与两个盒底配成一个盒子，

得身数：底数=1：2，即 2×身数=底数，

得 $2 \times 8x = 22y$.

可列方程组为 $\begin{cases} x + y = 190, \\ 2 \times 8x = 22y. \end{cases}$

选 A.

【反思明理】这是一道典型的分配例题,审清比例关系是关键一步,不妨就题意比例直接数学化,如身数∶底数=1∶2,这样可直观地反映数量之间的比例关系,减少不必要的错误!

第2课 一元二次方程及其应用

★ **知识点——应知应懂** ★

(1)掌握等式的基本性质.

(2)掌握一元二次方程的解法(公式法、配方法、因式分解法).

(3)掌握用根的判别式判别一元二次方程根的情况.

(4)掌握列方程(组)解应用题的方法,并检验方程(组)的解是否合理.

★ **易错点——辨误明理** ★

(1)忘记方程的解要有意义.

(2)对一元二次方程的概念理解不清致误.

(3)一元二次方程的应用问题中对条件观察不仔细致误.

★ **析案例——避误纠错** ★

易错点一 忘记方程的解要有意义

案例1 已知 $(a^2 + b^2)^2 + 2(a^2 + b^2) - 3 = 0$,求 $a^2 + b^2$ 的值.

【考点涉及】解一元二次方程,一元二次方程的解.

【错解呈现】设 $a^2 + b^2 = x$,则原方程可化为 $x^2 + 2x - 3 = 0$.

∴ $x = -3$ 或 $x = 1$,即 $a^2 + b^2 = -3$ 或 $a^2 + b^2 = 1$.

∴ $a^2 + b^2$ 的值为 -3 或 1.

【寻错索因】因为 $a^2 + b^2$ 具有非负性,是初中阶段三大非负性(绝对值、偶次方以及偶次方根)的典型代表,所以 $a^2 + b^2$ 的结果一定不会为负值.因此,舍掉 $a^2 + b^2 = -3$.四基性失误:认知结构存在缺陷.

【正解参考】设 $a^2 + b^2 = x$,则原方程可化为 $x^2 + 2x - 3 = 0$.

$\therefore x = -3$ 或 $x = 1$,即 $a^2 + b^2 = -3$ 或 $a^2 + b^2 = 1$.

$\because a^2 + b^2 \geqslant 0$,

$\therefore a^2 + b^2 = 1$.

【反思明理】因为题目中隐藏了非负性,所以考生往往因思维结构不严谨、考虑问题不全面而造成错误.因此,对于一切"非负性"的符号,要小心谨慎!

易错点二 对一元二次方程的概念理解不清致误

案例2 如果关于 x 的一元二次方程 $k^2 x^2 - (2k + 1)x + 1 = 0$ 有两个实数根,那么 k 的取值范围是(   )

A.$k > -\dfrac{1}{4}$ B.$k > -\dfrac{1}{4}$ 且 $k \neq 0$ C.$k \geqslant -\dfrac{1}{4}$ D.$k \geqslant -\dfrac{1}{4}$ 且 $k \neq 0$

【考点涉及】一元二次方程根的判别式.

【错解呈现】错解1:$\because$ 一元二次方程有两个实数根,

$\therefore \Delta = b^2 - 4ac = (2k + 1)^2 - 4k^2 = 4k + 1 > 0$,

解得 $k \geqslant -\dfrac{1}{4}$.

选C.

错解2:

$\because k^2 \neq 0$,即 $k \neq 0$,

又 $\because$ 方程有两个实数根.

$\therefore \Delta = b^2 - 4ac = (2k + 1)^2 - 4k^2 = 4k + 1 > 0$.

解得 $k > -\dfrac{1}{4}$,且 $k \neq 0$.

选B.

【寻错索因】错解1：忽略隐藏条件"一元二次方程".含字母的二次项系数$k^2 \neq 0$，否则，方程无意义.

错解2：对于"两个实数根"的理解，包含两个方面：两个相等的实数根或两个不等的实数根.因此，$\Delta = b^2 - 4ac \geq 0$，而不是$\Delta > 0$.

四基性失误：认知结构存在缺陷.

【正解参考】∵方程是一元二次方程，

∴$k^2 \neq 0$，即$k \neq 0$.

又∵方程有两个实数根，

∴$\Delta = b^2 - 4ac = (2k + 1)^2 - 4k^2 = 4k + 1 \geq 0$.

解得$k \geq -\dfrac{1}{4}$，且$k \neq 0$.

选D.

【反思明理】错解1忽略隐藏条件，对于含字母系数的方程要考虑是否有意义，再做其他条件判断；错解2是对条件理解不透彻而造成的.总之，考虑含字母问题的时候，一定要注意到每一个含有字母的地方，考虑全面才行！

案例3 关于x的一元二次方程$(m - 1)x^2 + 5x + m^2 - 3m + 2 = 0$，常数项为0，则$m$=（　　　）

A.1　　　　　B.2　　　　　C.1或2　　　　　D.0

【考点涉及】一元二次方程的定义；一元二次方程的解.

【错解呈现】∵常数项为0，

∴$m^2 - 3m + 2 = 0$.

解得$m = 1$或$m = 2$.

选C.

【寻错索因】忽略隐藏条件"一元二次方程".含字母的二次项系数$m - 1 \neq 0$，否则，方程无意义.四基性失误：认知结构存在缺陷.

【正解参考】∵该方程是关于x的一元二次方程，且常数项为0，

∴$m - 1 \neq 0$，且$m^2 - 3m + 2 = 0$.

解得 $m = 2$.

选 B.

【反思明理】忽略隐藏条件,对于含字母系数的方程要考虑是否有意义,再做其他条件判断.考虑含字母问题的时候,一定要注意到每一个含有字母的地方,考虑全面才行!

易错点三 一元二次方程的应用问题中对条件观察不仔细致误

案例4 某商店现在的售价为每件60元,每星期可卖出300件.市场调查反映:每降价1元,每星期可多卖出20件.已知商品的进价为每件40元,在顾客得实惠的前提下,商家还想获得6 080元利润,应将销售单价定为( )

A.56元 B.57元 C.59元 D.56元或59元

【考点涉及】一元二次方程组的应用.

【错解呈现】设销售单价定为 x 元,则每星期可卖出 $[20(60 - x) + 300]$ 件,根据题意,可列方程为 $(x - 40)[20(60 - x) + 300] = 6\,080$.

整理得 $x^2 - 115x + 3\,304 = 0$,

解得 $x_1 = 56,x_2 = 59$.

选 D.

【寻错索因】从列等量关系、设元、解方程来看,没有任何错误.但是,我们可能忽略了"在顾客得实惠的前提下"这个条件,因此 $x_1 = 56$ 与 $x_2 = 59$ 相比,$x = 56$ 更能体现这个条件的意义.心理性失误:审题肤浅,观察不仔细.

【正解参考】设销售单价为 x 元,则每星期可卖出 $[20(60 - x) + 300]$ 件,根据题意,可列方程为 $(x - 40)[20(60 - x) + 300] = 6\,080$.

整理得 $x^2 - 115x + 3\,304 = 0$,

解得 $x_1 = 56,x_2 = 59$.

∵要使顾客获得实惠,

∴ $x = 56$.

选 A.

【反思明理】实际问题答案的取舍是必要的解题步骤.数学题目的文字都是精简的,一般没有多余的,所以审清每一个条件的价值,并将其数学化,才是严谨的做法.建议考生审题时,将题目条件画上序号,在初步厘清思路之后,再审核之前的序号有没有都使用过.

案例5　王叔叔从市场上买了一块长 80 cm、宽 70 cm 的矩形铁皮,准备制作一个工具箱.如图,他将矩形铁皮的四个角各剪掉一个边长 x cm 的正方形后,剩余的部分刚好能围成一个底面积为 3 000 cm² 的无盖长方形工具箱,根据题意可列方程为(　　)

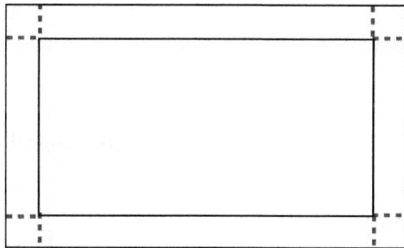

A.$(80 - x)(70 - x) = 3\,000$

B.$80 \times 70 - 4x^2 = 3\,000$

C.$(80 - 2x)(70 - 2x) = 3\,000$

D.$80 \times 70 - 4x^2 - (70 + 80)x = 3\,000$

【考点涉及】一元二次方程组的应用.

【错解呈现】∵矩形铁皮的四个角各剪掉一个边长 x cm 的正方形,

∴可列方程为 $(80 - x)(70 - x) = 3\,000$.

选A.

【寻错索因】如图,在计算底面长方形的面积时,长和宽各减去 $2x$ cm.心理性失误:审题肤浅,观察不仔细.

【正解参考】∵矩形铁皮的四个角各剪掉一个边长 x cm 的正方形,

∴如图,长、宽各减去 $2x$ cm.

可列方程为 $(80 - 2x)(70 - 2x) = 3\,000$.

选C.

【反思明理】这是一道典型的易错题,从表面上看没什么特殊的地方,但是 x cm 被减了 2 次,这是容易被忽略的.特别地,当本题作为填空题出现时,错误率会更高.

第3课 分式方程及其应用

★ **知识点——应知应懂** ★

(1)掌握等式的基本性质.

(2)掌握分式方程的解法.

(3)掌握列方程(组)解应用题的方法,并检验方程(组)的解是否合理.

★ **易错点——辨误明理** ★

(1)在解分式方程同乘以最简公分母时没有"变号".

(2)忽略分式方程的隐含条件(最简公分母不为0).

(3)分式方程的应用中厘不清等量关系.

★ **析案例——避误纠错** ★

易错点一 **在解分式方程同乘以最简公分母时没有"变号"**

案例1 解分式方程：$\dfrac{1}{x(x-3)} = 1 + \dfrac{x}{3-x}$.

【考点涉及】解分式方程.

【错解呈现】方程的两边都乘以$x(x-3)$,

得$1 = x(x-3) + x^2$.

$\therefore 1 = x^2 - 3x + x^2$,

$2x^2 - 3x - 1 = 0$,

$(2x - 1)(x - 1) = 0$,

∴原分式方程的解为 $x_1 = \dfrac{1}{2}$, $x_2 = 1$.

【寻错索因】错解过程的第二行,问题就已经产生了！方程两边同时乘以最简公分母 $x(x - 3)$ 时,等式右边第二项 $\dfrac{x}{3 - x}$ 的分母 $(3 - x)$ 与 $x(x - 3)$ 相乘之后,需要变号,即 $\dfrac{x}{3 - x} \cdot x(x - 3) = -x^2$.另外,等式右边第一项也要乘以 $x(x - 3)$,这也是出错点之一.同时,作为分式方程,它的解还需要进行检验,使得最简公分母不为 0.四基性失误:认知结构存在缺陷.

【正解参考】方程的两边都乘以 $x(x - 3)$,

得 $1 = x^2 - 3x - x^2$.

解得 $x = -\dfrac{1}{3}$.

∵当 $x = -\dfrac{1}{3}$ 时,$x(x - 3) \neq 0$,

∴$x = -\dfrac{1}{3}$ 是原分式方程的解.

【反思明理】解分式方程的第一步,是将分式方程化为整式方程,所以方程两边要同时乘以最简公分母,从而达到化未知为已知的目的.因此,这一步具有一定的计算量,要注意以"符号"为首的一些错误点！同时因为方程两边同乘的最简公分母是含字母的代数式,所以有可能为 0！那时方程将无意义.因此,我们在解分式方程的时候,一定要检验方程的解是否使得最简公分母为 0.

易错点二 忽略分式方程的隐含条件（最简公分母不为 0）

案例 2 已知关于 x 的分式方程 $\dfrac{m}{x - 2} + \dfrac{1}{2 - x} = 3$ 的解是正数,则 m 的取值范围是_____.

【考点涉及】分式方程的解.

【错解呈现】解原分式方程，得 $x = \dfrac{m+5}{3}$，

∵ 解是正数.

∴ $\dfrac{m+5}{3} > 0$.

∴ $m > -5$.

【寻错索因】只看到明确条件"解是正数"，忽略隐藏条件"$x - 2 \neq 0$". 一切分式方程必须检验最简公分母是否为0. 否则，都没有意义. 四基性失误：存在认知结构缺陷.

【正解参考】原分式方程解得 $x = \dfrac{m+5}{3}$，

∵ 解是正数 且 分式方程最简公分母不能为0，

∴ $\dfrac{m+5}{3} > 0$ 且 $x - 2 \neq 0$，即 $\dfrac{m+5}{3} \neq 2$.

解得 $m > -5$ 且 $m \neq -1$.

【反思明理】解分式方程的第一步，是将分式方程化为整式方程，所以方程两边要同时乘以最简公分母，从而达到化未知为已知的目的. 也正因为方程两边同乘的最简公分母是含字母的代数式，所以要检验是否为0! 因此，我们解分式方程的相关题目时，一定要检验方程的解是否使得最简公分母为0，而不能局限在"解方程"的单一题型中.

易错点三　分式方程的应用中厘不清等量关系

案例3　小明乘出租车去体育场，有两条路线可供选择：路线一的全程是25千米，但交通比较拥堵；路线二的全程是36千米，平均车速比走路线一时的平均车速提高了80%，因此能比走路线一少用10分钟到达. 求小明走路线一时的平均速度.

【考点涉及】分式方程的应用.

【错解呈现】错解1：设路线一的平均车速为 x 千米/时，则路线一需要的时间是 $\dfrac{25}{x}$ 小时，路线二的平均车速是 $(1 + 80\%)x$ 千米/时，即 $1.8x$ 千米/时.

由时间不变,可列方程为 $\frac{25}{x} - 10 = \frac{30}{1.8x}$,

解得 $x = \frac{5}{6}$.

经检验, $x = \frac{5}{6}$ 是原分式方程的解.

答:小明走路线一时的平均速度为 $\frac{5}{6}$ 千米/时.

错解2:设路线一的平均车速为 x 千米/时,则路线一需要的时间是 $\frac{25}{x}$ 小时,路线二的平均车速是 $(1 + 80\%)x$ 千米/时,即 $1.8x$ 千米/时.

由时间不变,可列方程为 $\frac{25}{x} = \frac{30}{1.8x} - \frac{10}{60}$.

此方程无解.

【寻错索因】错解1:时间、速度等单位问题的统一,是实际应用题中一个值得注意的细节问题;错解2:未厘清等量关系,要明确究竟把路线几的时间作为等量关系.心理性失误:审题肤浅,观察不仔细.

【正解参考】设路线一的平均车速为 x 千米/时,则路线一需要的时间是 $\frac{25}{x}$ 小时,

路线二的平均车速是 $(1 + 80\%)x$ 千米/时,即 $1.8x$ 千米/时.

由时间不变,可列方程为 $\frac{25}{x} - \frac{10}{60} = \frac{30}{1.8x}$.

解得 $x = 50$.

经检验, $x = 50$ 是原分式方程的解.

答:小明走路线一时的平均速度为 50 千米/时.

【反思明理】考生不妨通过计算结果来反思自己的错误,如错解1中的结果"走路线一时的平均速度为 $\frac{5}{6}$ 千米/时"显然不符合实际情况.

第4课　一元一次不等式（组）

---★ **知识点——应知应懂** ★---

（1）了解不等式的意义．

（2）理解不等式的基本性质．

（3）掌握数字系数一元一次不等式的解法．

（4）掌握两个一元一次不等式组成的不等式组的解法．

（5）掌握在数轴上表示不等式(组)解集．

（6）掌握列不等式解简单应用题．

---★ **易错点——辨误明理** ★---

（1）含字母不等式的解集问题．

（2）一元一次不等式的实际应用．

---★ **析案例——避误纠错** ★---

易错点1 含字母不等式的解集问题

案例1　已知关于 x 的不等式 $3x - m + 1 > 0$ 的最小整数解为2，则实数 m 的取值范围是_____．

【考点涉及】一元一次不等式的整数解．

【错解呈现】$\because 3x - m + 1 > 0, \therefore x > \dfrac{m-1}{3}$.

$\because$ 不等式有最小整数解2,

$\therefore \dfrac{m-1}{3} < 2$,解得 $m < 7$,

【寻错索因】只想到最小整数解是2,但忽略了不等式的解集是有范围的.如上述不等式的解集为 $x > \dfrac{m-1}{3}$,在解集中,临界值是 $\dfrac{m-1}{3}$,应该小于2,即 $\dfrac{m-1}{3} < 2$,如图:

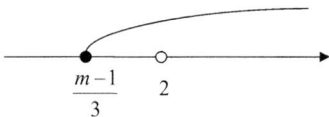

图1(案例1错解图)

最小整数解是2,但不代表临界值比2小就可以,如解集临界值 $\dfrac{m-1}{3}$ 可以取1.5的同时,也可以取-1.5.但是,若令临界值 $\dfrac{m-1}{3} = -1.5$,即不等式解集为 $x > -1.5$,此时,最小整数解为 $x = -1$,违背了"最小整数解为2"这个条件.因此,临界值 $\dfrac{m-1}{3}$ 必须在两个连续整数之间,即 $1 < \dfrac{m-1}{3} < 2$,如图:

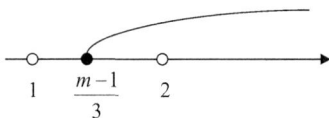

图2(案例1正解图)

并且,当 $\dfrac{m-1}{3}$ 的值精准到1时,最小整数解仍为2,符合题目条件.因此,正解如下.逻辑性失误:思维不严谨.

【正解参考】$\because 3x - m + 1 > 0, \therefore x > \dfrac{m-1}{3}$.

$\because$ 不等式有最小整数解2,

$\therefore 1 \leqslant \dfrac{m-1}{3} < 2$,

解得 $4 \leqslant m < 7$.

选 A.

【反思明理】本题为含字母的一元一次不等式解法问题,临界值的不确定是造成错误的主要原因.但是,考生可以通过画数轴来直观分析解集情况,从而避免错误.

案例 2 已知关于 x 的不等式组 $\begin{cases} x > 2a - 3, \\ 2x \geqslant 3(x - 2) + 5 \end{cases}$ 仅有三个整数解,则

a 的取值范围是_____.

【考点涉及】一元一次不等式组的整数解.

【错解呈现】由 $2x \geqslant 3(x - 2) + 5$,解得 $x \leqslant 1$.

由 $x > 2a - 3$,解得原不等式组的解集为 $2a - 3 < x \leqslant 1$.

∵关于 x 的不等式组仅有三个整数解,即 $-1, 0, 1$.

∴解得 $2a - 3 < -1$,即 $a < 1$.

【寻错索因】只考虑到临界值 $2a - 3 < -1$(如图1),忽略了"仅有"这个条件.临界值 $2a - 3$ 应该在两个连续整数之间,即 $-2 \leqslant 2a - 3 < -1$,只有在 -2 与 -1 之间,才能保证仅有3个整数解(如图2).逻辑性失误:思维不严谨.

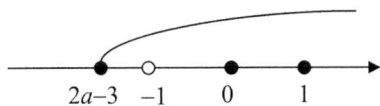

图1(案例2错解图)　　　　　　图2(案例2正解图)

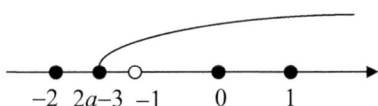

【正解参考】由 $2x \geqslant 3(x - 2) + 5$,解得 $x \leqslant 1$.

由 $x > 2a - 3$,解得原不等式组的解集为 $2a - 3 < x \leqslant 1$.

∵关于 x 的不等式组仅有三个整数解,即 $-1, 0, 1$.(如图2)

∴ $-2 \leqslant 2a - 3 < -1$,即 $\dfrac{1}{2} \leqslant a < 1$.

【反思明理】本题为含字母的一元一次不等式解法问题(同案例1),临界值的不确定是造成错误的主要原因.考生仍可以通过画数轴来直观分析解集情况,从而避免错误.

案例3 如果关于 x 的不等式组 $\begin{cases} 2x - a \geqslant 0, \\ 3x - b \leqslant 0 \end{cases}$ 的整数解仅有 $x = 2, x = 3,$

那么适合这个不等式组的整数 a, b 组成的有序数对 (a, b) 共有(　　)

A.3个　　　　　　B.4个　　　　　　C.5个　　　　　　D.6个

【考点涉及】一元二次方程组的整数解.

【错解呈现】$\because 2x - a \geqslant 0, \therefore x \geqslant \dfrac{a}{2},$

$\because 3x - b \leqslant 0, \therefore x \leqslant \dfrac{b}{3}.$

$\because$ 不等式组的整数解仅有 $x = 2, x = 3.$

$\therefore \dfrac{a}{2} \leqslant 2, 3 \leqslant \dfrac{b}{3}.$

解得 $a \leqslant 4, 9 \leqslant b.$

$\therefore$ 无选项.

【寻错索因】错因同案例1、2.逻辑性失误:思维不严谨.

【正解参考】$\because 2x - a \geqslant 0, \therefore x \geqslant \dfrac{a}{2},$

$\because 3x - b \leqslant 0, \therefore x \leqslant \dfrac{b}{3}.$

$\because$ 不等式组的整数解仅有 $x = 2, x = 3,$

$\therefore 1 < \dfrac{a}{2} \leqslant 2, 3 \leqslant \dfrac{b}{3} < 4.$

解得 $2 < a \leqslant 4, 9 \leqslant b < 12.$

$\therefore$ 当 $a = 3$ 时, $b = 9, 10, 11;$

当 $a = 4$ 时, $b = 9, 10, 11.$

$\therefore$ 适合这个不等式组的整数 a, b 组成的有序数对 (a, b) 共有6个.

选 D.

【反思明理】未扎实地掌握前两个案例,是导致本题出错的最主要原因.

易错点二　一元二次不等式的实际应用

案例4 某运行程序如图所示,规定:从"输入一个值 x 到结果是否 >

95"为一次程序操作,如果程序操作进行了两次才停止,那么 x 的取值范围是
(　　)

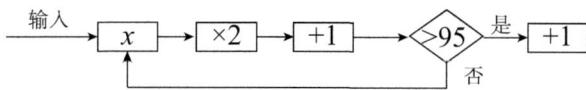

A.$x > 23$　　　　B.$x \leqslant 47$　　　　C.$23 \leqslant x < 47$　　　　D.$23 < x \leqslant 47$

【考点涉及】一元一次不等式组的应用.

【错解呈现】∵操作进行了两次才停止,

∴第二次操作停止,

得 $2(2x + 1) + 1 > 95$,

解得 $x > 23$.

选A.

【寻错索因】只看到本题表面条件"操作进行了两次才停止",而忽略了第一次循环一定没有停止,才会有第二次循环的存在.因此,错因是只计算了 $2(2x + 1) + 1 > 95$.逻辑性失误:思维不严谨.

【正解参考】∵操作进行了两次才停止,

∴第一次操作未停止且第二次操作停止,

得 $\begin{cases} 2x + 1 \leqslant 95, \\ 2(2x + 1) + 1 > 95, \end{cases}$

解得 $23 < x \leqslant 47$.

选D.

【反思明理】忽略前提条件的隐蔽性,忽略循环过程,直接思考结果,导致错误.

　　案例5　对于实数 x,我们规定 $[x]$ 表示不大于 x 的最大整数,如 $[1.2]=1$,$[3]=3$,$[-2.5]=-3$.若 $[\dfrac{x + 4}{10}] = -5$,则 x 的取值范围可以是_____.

【考点涉及】一元一次不等式组的应用.

【错解呈现】错解1:∵$[x]$ 表示不大于 x 的最大整数,$[\dfrac{x + 4}{10}] = -5$,

即 $[\dfrac{x+4}{10}] = -5$ 表示不大于 $\dfrac{x+4}{10}$ 的最大整数是 -5.

$\therefore -5 \leqslant \dfrac{x+4}{10}$, 即 $x \geqslant -54$.

错解2：$\because [x]$ 表示不大于 x 的最大整数, $[\dfrac{x+4}{10}] = -5$,

$\therefore -6 < \dfrac{x+4}{10} \leqslant -5$, 即 $-64 < x \leqslant -54$.

错解3：$\because [x]$ 表示不大于 x 的最大整数, $[\dfrac{x+4}{10}] = -5$,

即 $[\dfrac{x+4}{10}] = -5$ 表示不大于 $\dfrac{x+4}{10}$ 的最大整数是 -5.(如图1)

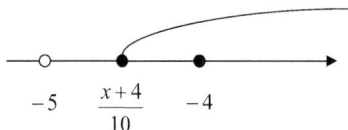

图1(案例5错解图)

$\therefore -5 < \dfrac{x+4}{10} \leqslant -4$, 即 $-54 < x \leqslant -44$.

【寻错索因】错解1：考生只考虑 $-5 \leqslant \dfrac{x+4}{10}$, 忽略取整符号 $[x]$ 的取值范围也在2个连续整数之间, 即 $-5 < \dfrac{x+4}{10} \leqslant -4$. 如果没有 -4 作为上限, 不符合题目条件. 错解2：未重视负数比较大小的法则, 忽略绝对值越大, 负数反而越小的客观事实, 加上没有数轴直观形象的观察, 导致范围取错一个区间. 错解3：没有确定好边界值. 逻辑性失误：思维不严谨.

【正解参考】$\because [x]$ 表示不大于 x 的最大整数, $[\dfrac{x+4}{10}] = -5$,

即 $[\dfrac{x+4}{10}] = -5$ 表示不大于 $\dfrac{x+4}{10}$ 的最大整数是 -5.(如图2)

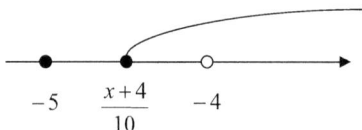

图2(案例5正解图)

$\therefore -5 \leqslant \dfrac{x+4}{10} < -4$，即 $-54 \leqslant x < -44$.

【反思明理】本题为含字母的一元一次不等式解法问题（同案例1），临界值的不确定是造成错误的主要原因.考生仍可以通过画数轴来直观分析解集情况,从而避免错误.

案例6 某旅店有两种客房,甲种客房每间可安排4位客人入住,乙种客房每间可安排3位客人入住.如果将某班男生都安排到甲种客房,将有一间客房住不满;若都安排到乙种客房,还有2人没房间住.已知该旅店两种客房的数量相等,求该班男生人数.

【考点涉及】一元一次不等式组的应用.

【错解呈现】错解1:设甲、乙两种客房各有 x 间,则该班男生人数为 $(3x+2)$ 人.

$\because$ 安排到甲种客房,将有一间客房住不满,

$\therefore (3x+2) - 4(x-1) < 4$,

$\therefore x > 2$.

错解2:设甲、乙两种客房各有 x 间,则该班男生人数为 $(3x+2)$ 人.

$\because$ 安排到甲种客房,将有一间客房住不满,

$\therefore 1 < (3x+2) - 4(x-1) < 4$.

$\therefore$ 不等式解集为 $2 < x < 5$.

$\because x$ 为整数,$\therefore x = 3, 4$.

当 $x = 3$ 时,$3x + 2 = 11$；

当 $x = 4$ 时,$3x + 2 = 14$.

答:该班男生人数为11人或14人.

【寻错索因】错解1:对于"一间客房住不满"理解片面,"住不满"不仅说明了小于4人,还说明了有人在住,即人数大于0.错解2:对于边界值"1"的处理,考虑不全面,忽略房间可以住1人的临界情况.逻辑性失误:思维不严谨.

【正解参考】设甲、乙两种客房各有 x 间,则该班男生人数为 $(3x+2)$ 人,

$\because$ 安排到甲种客房,将有一间客房住不满,

$$\therefore \begin{cases} (3x+2) - 4(x-1) > 0, & ① \\ (3x+2) - 4(x-1) < 4. & ② \end{cases}$$

由不等式①,得 $x < 6$.

由不等式②,得 $x > 2$.

公共解集如图所示:

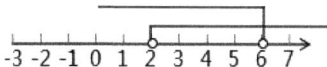

$\therefore$ 不等式组的解集为 $2 < x < 6$.

$\because x$ 为整数, $\therefore x = 3, 4, 5$.

当 $x = 3$ 时, $3x + 2 = 11$;

当 $x = 4$ 时, $3x + 2 = 14$;

当 $x = 5$ 时, $3x + 2 = 17$.

答:该班男生人数为11人、14人或17人.

【反思明理】对于实际问题数学化的能力还需培养.

第三单元　函数及其图象

　　函数是初中数学与高中数学的一个重要衔接点.高中数学的多数知识都与函数有着紧密的联系.因此,初中函数的学习为高中数学的学习奠定了重要的基础.函数在初中代数中具有重要地位,其与方程和不等式联系紧密、相互结合,让代数内容得以深化并提升到一个新的水平.函数在动态几何中也有广泛的应用,可以对图形进行定量分析.

　　函数的学习引领着思维方式的转变,函数是一个变化过程中的两个变量之间的一种特殊对应关系.函数的学习实际上是定量知识到变量知识的一个飞跃,可以帮助学生用运动变化和联系对应的观点看问题.函数建模在实际生活中的应用涵盖了多个领域,展示了数学在解决实际问题时的强大能力.

第1课 平面直角坐标系与函数

★ 知识点——应知应懂 ★

1.平面直角坐标系

(1)了解有序数对,并理解它与平面内点之间的关系.

(2)认识并学会建立平面直角坐标系.

(3)在平面直角坐标系内,学会由点写坐标,由坐标确定点.

(4)理解点的坐标的几何意义:点 $P(a,b)$ 到 x 轴的距离为 $|b|$,到 y 轴的距离为 $|a|$.

2.点的坐标特征

(1)掌握四个象限内和两条坐标轴上点的坐标特征.

(2)了解关于坐标轴对称的点的坐标特征.

(3)了解平行于坐标轴的直线上的点的坐标特征.

3.坐标方法的简单应用

(1)会用坐标或方位角与距离表示平面内物体的位置.

(2)掌握平移及点的坐标变化规律,会用坐标表示平移.

4.函数

(1)理解函数的定义.

(2)函数的三种表示法:①表达式法(解析式法);②列表法;③图象法.

(3)掌握求函数的自变量取值范围的方法.

(4)会求函数值.

(5)掌握描点法画函数图象的一般步骤:列表,描点,连线.

(6)学会判断y是否为x的函数.

★ 易错点——辨误明理 ★

(1)对平面内点的坐标特征理解有误.

(2)对对称点的坐标特征或对称性理解有误.

(3)对点的坐标的几何意义理解有误.

(4)点的位置情形考虑不全面.

(5)对平移及坐标变化规律理解有误.

(6)割补图形方法不当导致求面积出错.

(7)对函数概念理解不清.

(8)求函数自变量的取值范围缺乏全面考虑.

(9)实际问题中,忽略实际意义对自变量的限制.

(10)函数图象问题中的动点问题考虑不全面.

★ 析案例——避误纠错 ★

易错点一 对平面内点的坐标特征理解有误

案例1 在平面直角坐标系中,若点$P(m-2,1-m)$在第二象限,则m的取值范围为(　　)

A.$m < 1$　　　　　B.$m > 2$　　　　　C.$1 < m < 2$　　　　　D.$m > 1$

【考点涉及】点的坐标特征,解不等式组.

【错解呈现】由点$P(m-2,1-m)$在第二象限,得

$$\begin{cases} m-2 > 0, ① \\ 1-m < 0, ② \end{cases}$$

解不等式①,得$m > 2$,

解不等式②,得$m > 1$,

所以 $m > 2$，故选 B.

【寻错索因】上面解答将第二象限内点的坐标特征$(-,+)$记成了第四象限内点的坐标特征$(+,-)$，导致出错. 四基性失误：各象限内点的坐标特征掌握不到位，混淆运用.

【正解参考】由点 $P(m-2, 1-m)$ 在第二象限，得

$$\begin{cases} m - 2 < 0, ① \\ 1 - m > 0, ② \end{cases}$$

解不等式①，得 $m < 2$，

解不等式②，得 $m < 1$，

所以 $m < 1$，故选 A.

【反思明理】解决本题的关键是正确把握各象限内点的坐标特征. 四个象限的点的坐标特征分别是：第一象限$(+,+)$，第二象限$(-,+)$，第三象限$(-,-)$，第四象限$(+,-)$. 为防止记忆偏差，也可以画平面直角坐标系帮助认知，避免混淆乱用.

案例 2 对任意实数 x，点 $P(x, x^2 - 2x)$ 一定不在第_____象限.

【考点涉及】用坐标表示位置.

【错解呈现】(1) 当 $x > 0$ 时，$x^2 - 2x > 0$，故点 P 在第一象限.

(2) 当 $x < 0$ 时，$x^2 - 2x < 0$，故点 P 在第三象限.

故对任意实数 x，点 P 可能在第一、三象限，一定不在第二、四象限.

【寻错索因】对点的坐标特征记忆不够深刻，以及对分类讨论思想理解不够透彻导致出错. 四基性失误：对代数式的值的讨论出现错误.

【正解参考】令 $x^2 - 2x = x(x-2) = 0$，可得 $x_1 = 0, x_2 = 2$.

(1) 当 $0 < x < 2$ 时，$x > 0$，$x^2 - 2x = x(x-2) < 0$，故点 P 在第四象限；

(2) 当 $x > 2$ 时，$x > 0$，$x^2 - 2x = x(x-2) > 0$，故点 P 在第一象限；

(3) 当 $x < 0$ 时，$x^2 - 2x > 0$，故点 P 在第二象限.

故对任意实数 x，点 P 可能在第一、二、四象限，一定不在第三象限.

【反思明理】解决本题的关键是正确把握各象限内点的坐标特征，以及

在不同的取值范围内,代数式的值的符号不同.

各象限内点的坐标特征:

点 $P(x,y)$ 在第一象限 $\Leftrightarrow x > 0, y > 0$;

点 $P(x,y)$ 在第二象限 $\Leftrightarrow x < 0, y > 0$;

点 $P(x,y)$ 在第三象限 $\Leftrightarrow x < 0, y < 0$;

点 $P(x,y)$ 在第四象限 $\Leftrightarrow x > 0, y < 0$.

易错点二 对对称点的坐标特征或对称性理解有误

案例3 已知点 $P(3,-1)$ 关于 y 轴的对称点 Q 的坐标是 $(a+b, 1-b)$,则 ab 的值为_____.

【考点涉及】平面内的点关于 x 轴、y 轴对称的点的坐标.

【错解呈现】 $\because$ 点 $P(3,-1)$ 关于 y 轴的对称点 Q 的坐标是 $(a+b, 1-b)$,

$\therefore \begin{cases} a+b=3, \\ 1=1-b, \end{cases}$ 解得 $\begin{cases} a=3, \\ b=0, \end{cases}$

则 ab 的值为 $3 \times 0 = 0$.

故答案为:0.

【寻错索因】记错对称点的坐标变化规律,混淆了点关于 x 轴对称和关于 y 轴对称的坐标变化.心理性失误:审题浮躁,粗心大意.四基性失误:混淆不同坐标轴的对称点的坐标特征.

【正解参考】 $\because$ 点 $P(3,-1)$ 关于 y 轴的对称点 Q 的坐标是 $(a+b, 1-b)$,

$\therefore \begin{cases} a+b=-3, \\ -1=1-b, \end{cases}$ 解得 $\begin{cases} a=-5, \\ b=2, \end{cases}$

则 ab 的值为 $-5 \times 2 = -10$.

故答案为:-10.

【反思明理】关于 x 轴对称的点的坐标特征是"横坐标不变,纵坐标互为相反数",即点 $P(x,y) \xrightarrow{\text{关于}x\text{轴对称}} P(x,-y)$;关于 y 轴对称的点的坐标特征是"纵坐标不变,横坐标互为相反数",即点 $P(x,y) \xrightarrow{\text{关于}y\text{轴对称}} P(-x,y)$.为防止记忆混渚,可以通过画图帮助理解,正确把握对称性和对称点的坐标特征,审清题意,避免出错.

易错点三　对点的坐标的几何意义理解有误

案例4　坐标平面内的第二象限内有一点A,且点A到x轴的距离为3,到y轴的距离恰为到x轴距离的3倍,则点A的坐标为(　　　)

A.$(-9,3)$　　　　B.$(-3,1)$　　　　C.$(9,3)$　　　　D.$(-1,3)$

【考点涉及】坐标的象限特征,坐标与线段长的相互转化.

【错解呈现】∵点A到x轴的距离为3,

∴点A的纵坐标为3,

∵点A到y轴的距离恰为到x轴距离的3倍,

∴点A的横坐标为9,

∴点A的坐标为$(9,3)$.

故选C.

【寻错索因】上面的解答过程未考虑"第二象限内有一点A"这一条件导致出错.心理性失误:审题浮躁,粗心大意,看漏条件.

【正解参考】∵点A到x轴的距离为3,点A在第二象限,

∴点A的纵坐标为3.

∵点A到y轴的距离恰为到x轴距离的3倍,点A在第二象限,

∴点A的横坐标为-9.

∴点A的坐标为$(-9,3)$.

故选A.

【反思明理】正确认识点的坐标的几何意义是解决此题的关键点.点到x轴距离等于纵坐标的绝对值,点到y轴的距离等于横坐标的绝对值.不要认为点到x轴的距离就是横坐标的绝对值.为防止记忆混乱,可以画坐标系探究或验证.

易错点四 点的位置情形考虑不全面

案例5 若点$A(x,y)$与点$B(6,-5)$在同一条平行于y轴的直线上,且点A到x轴的距离等于7,则点A的坐标是_____.

【考点涉及】坐标与线段长的相互转化,平行于坐标轴的直线上点的坐标特征.

【错解呈现】∵点$A(x,y)$与点$B(6,-5)$在同一条平行于y轴的直线上,

∴ 点A与点B的横坐标都为6.

∵点A到x轴的距离等于7,

∴点A的纵坐标是7,则点A的坐标是$(6,7)$.

【寻错索因】点A相对于x轴的位置有两种不同的情况,只考虑位于x轴上方的点显然不全面.四基性失误:分类讨论思想欠缺,考虑问题不全面.

【正解参考】∵点$A(x,y)$与点$B(6,-5)$在同一条平行于y轴的直线上,

∴ 点A与点B的横坐标都为6.

∵点A到x轴的距离等于7,

∴点A的纵坐标是±7,则点A的坐标是$(6,7)$或$(6,-7)$.

【反思明理】本题主要考查平行于坐标轴的直线上点的坐标特征:①平行于x轴(或垂直于y轴)的直线上所有点的纵坐标都相等;②平行于y轴(或垂直于x轴)的直线上所有点的横坐标都相等.

案例6 已知点$A(0,4)$,点B在x轴上,AB与坐标轴围成△AOB的面积为2,则点B的坐标为( )

　A.$(1,0)$或$(-1,0)$　　　　　　B.$(1,0)$

　C.$(0,-1)$或$(0,1)$　　　　　　D.$(-1,0)$

【考点涉及】距离与坐标的关系.

【错解呈现】由题意可知,$S_{\triangle AOB}=\dfrac{1}{2}\times4\times|OB|=2$,∴$OB=1$.

∴$B(1,0)$.故选B.

【寻错索因】点B不仅可以在x轴的正半轴上,还可以在x轴的负半轴上.

四基性失误：欠缺分类讨论思想，考虑问题不全面.

【正解参考】由题意可知，$S_{\triangle AOB} = \dfrac{1}{2} \times 4 \times |OB| = 2$，$\therefore |OB| = 1$，

$\therefore B(1,0)$ 或 $(-1,0)$.故选 A.

【反思明理】直线 AB 与坐标轴围成的三角形是直角三角形，根据三角形面积计算公式很容易求出直角边 OB 的长.学生易受思维定式的影响，默认点 B 在正半轴上，导致思考不全面.若根据点的坐标的几何意义，将 OB 的长用 $|OB|$ 表示，列出方程再来求解，也可以避免这种失误.

易错点五 对平移及坐标变化规律理解有误

案例7 三角形 ABC 三个顶点的坐标分别是点 $A(2,1)$，$B(1,3)$，$C(3,0)$，将三角形 ABC 向左平移 3 个单位长度，再向下平移 1 个单位长度，则平移后三个顶点的坐标为（　　）

A.$(5,0)$，$(4,2)$，$(6,-1)$　　　　B.$(-1,0)$，$(-2,2)$，$(0,-1)$

C.$(-1,2)$，$(-2,0)$，$(0,-1)$　　　　D.$(5,2)$，$(4,4)$，$(6,1)$

【考点涉及】点平移的坐标变化规律.

【错解呈现】分别将 A，B，C 三点的纵坐标都减去 3，横坐标都减去 1 得 $(-1,2)$，$(-2,0)$，$(0,-1)$.故选 C.

【寻错索因】把点平移的坐标变化规律记混淆了.点的左、右平移是横坐标变，纵坐标不变.四基性失误：混淆点平移的坐标变化规律.

【正解参考】分别将 A，B，C 三点的横坐标都减去 3，纵坐标都减去 1 得 $(-1,0)$，$(-2,2)$，$(0,-1)$.故选 B.

【反思明理】正确掌握点平移的坐标变化规律是解决此类型题的关键.设点 P 平移后的对应点为点 P'，则点 $P(x,y) \xrightarrow[a(a>0)\text{个单位}]{\text{向左或向右平移}}$ 点 $P'(x \mp a, y)$，点 $P(x,y) \xrightarrow[b(b>0)\text{个单位}]{\text{向上或向下平移}}$ 点 $P'(x, y \pm b)$，即左右平移，纵坐标不变，横坐标变，左减右加；上下平移，横坐标不变，纵坐标变，上加下减.反之，由点的坐标变化情况，可得平移的方向和距离.

案例8　如图,在平面直角坐标系中,第一次将△OAB变换成△OA₁B₁,第二次将△OA₁B₁变换成△OA₂B₂,第三次将△OA₂B₂变换成△OA₃B₃……已知点 $A(1,3)$, $A_1(2,3)$, $A_2(4,3)$, $A_3(8,3)$, $B(2,0)$, $B_1(4,0)$, $B_2(8,0)$, $B_3(16,0)$,将△OAB进行 n 次变换,得到△OA_nB_n,观察每次变换中三角形顶点坐标有何变化,找出规律,推测 A_n 的坐标是_____, B_n 的坐标是_____.

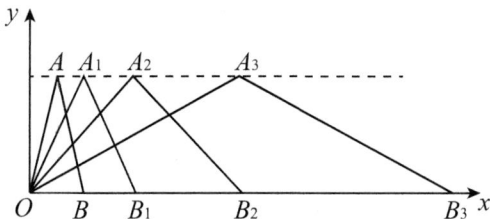

【考点涉及】坐标与图形的规律性变化.

【错解呈现】因为点 $A(1,3)$, $A_1(2,3)$, $A_2(4,3)$, $A_3(8,3)$,…纵坐标不变,都为3,同时横坐标都和2有关,则 $A_n(2^{n-1},3)$.

因为点 $B(2,0)$, $B_1(4,0)$, $B_2(8,0)$, $B_3(16,0)$,…纵坐标不变,都为0,同时横坐标都和2有关,则 $B_n(2^n,0)$.

【寻错索因】上面的解答将 A, B 两点坐标的变化规律总结错误.应以 A_1, B_1 两点为起始点开始寻找规律.四基性失误:能力结构欠缺.

【正解参考】因为点 $A(1,3)$, $A_1(2,3)$, $A_2(4,3)$, $A_3(8,3)$,…纵坐标不变为3,同时横坐标都和2有关,为 2^n,那么 $A_4(16,3)$, $A_5(32,3)$,则 $A_n(2^n,3)$.

因为 $B(2,0)$, $B_1(4,0)$, $B_2(8,0)$, $B_3(16,0)$,…纵坐标不变,都为0,同时横坐标都和2有关,为 2^{n+1},那么 $B_4(32,0)$, $B_5(64,0)$,则 $B_n(2^{n+1},0)$.

【反思明理】点的坐标按照某种规律变化时,其关键是根据已知点的变化情况,利用猜想、归纳、验证等方法,探究点的坐标变化规律.尤其注意满足规律的起始点的确定.

易错点六　割补图形方法不当导致求面积出错

案例9　如图,已知点 $A(-3,1)$, $B(1,-3)$, $C(3,4)$,求三角形 ABC 的面积.

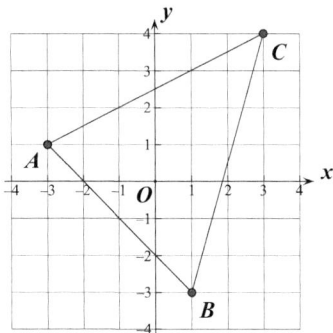

【考点涉及】求坐标系中图形的面积.

【错解呈现】如图,过点 C 作 $CD \perp AB$,垂足为点 D,$\triangle ABC$ 分成 $\triangle CAD$ 和 $\triangle CBD$ 两部分.由勾股定理,可算出 $AB = 4\sqrt{2}$,$CD = 5\sqrt{2}$,所以 $S_{\triangle ABC} = \dfrac{1}{2} \times AB \times CD = \dfrac{1}{2} \times 4\sqrt{2} \times 5\sqrt{2} = 20$.

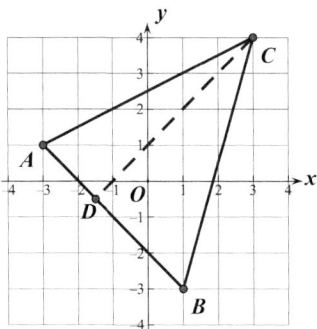

【寻错索因】上面的解答将垂足点 D 误认为某些特殊点,AB 和 CD 的长度是直接用勾股定理进行计算的.策略性失误:接替方法不当.

【正解参考】解法1:如图,作长方形 $CDEF$,

则 $S_{\triangle ABC} = S_{长方形 CDEF} - S_{\triangle ACD} - S_{\triangle ABE} - S_{\triangle CBF}$

$= 6 \times 7 - \dfrac{1}{2} \times 3 \times 6 - \dfrac{1}{2} \times 4 \times 4 - \dfrac{1}{2} \times 2 \times 7 = 18$.

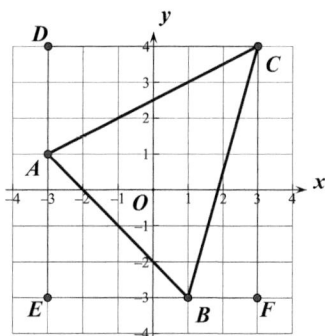

解法2:如图,过点B作$EF \perp y$轴,并分别过点A和点C作EF的垂线,垂足分别为点E,F.

因为$AE=4,BF=2,CF=7,EF=6$,

所以$S_{\triangle ABC} = S_{梯形AEFC} - S_{\triangle AEB} - S_{\triangle BFC}$

$=\dfrac{1}{2} \times (4+7) \times 6 - \dfrac{1}{2} \times 4 \times 4 - \dfrac{1}{2} \times 2 \times 7 = 18.$

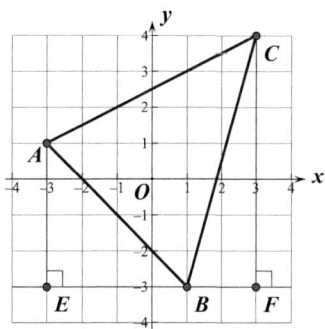

【反思明理】在方格网络中求图形的面积,常用方法:(1)利用图形面积计算公式直接计算;(2)割补、转化为几个规则图形面积的和差进行求解.割补出来的图形的各个顶点需落在小正方形的顶点上,这样方便得到相应线段的数值,从而求出面积.

易错点七 对函数概念理解不清

案例10 下列y与x的解析式中,y是x的函数的是(　　　　)

A. $x = y^2$ B. $y = \pm x$ C. $y^2 = x + 1$ D. $y = |x|$

【考点涉及】函数的概念.

【错解呈现】对于 x 的每一个取值,y 都有值与之对应.故选 B 和 D.

【寻错索因】B 选项中存在 x,有不唯一的 y 值与它对应,故 y 不是 x 的函数.四基性失误:对函数的基本概念理解不清.

【正解参考】对于 x 的每一个取值,y 都有唯一确定的值与之对应.故选 D.

【反思明理】本题主要考查了函数的定义,在一个变化过程中,有两个变量 x,y,对于 x 的每一个取值,y 都有唯一确定的值与之对应,则 y 是 x 的函数.

易错点八　求函数自变量的取值范围缺乏全面考虑

案例 11　函数 $y = \dfrac{\sqrt{3x+2}}{|x-2|} + (x - \pi)^0$ 的自变量的取值范围是_____.

【考点涉及】二次根式的非负性,分式有意义的条件,零指数幂.

【错解呈现】根据题意,得 $\begin{cases} 3x + 2 \geqslant 0, \\ |x - 2| \neq 0, \end{cases}$ 解得 $x \geqslant -\dfrac{2}{3}$ 且 $x \neq 2$.

【寻错索因】对于零指数幂,当底数为 0 时,无意义.因此,对于 $(x - \pi)^0$ 有意义的条件是 $x \neq \pi$.四基性失误:考虑问题不全面.

【正解参考】根据题意,得 $\begin{cases} 3x + 2 \geqslant 0, \\ |x - 2| \neq 0, \\ x - \pi \neq 0, \end{cases}$

解得 $x \geqslant -\dfrac{2}{3}$ 且 $x \neq 2$,$x \neq \pi$.

故填:$x \geqslant -\dfrac{2}{3}$ 且 $x \neq 2$,$x \neq \pi$.

【反思明理】本题考查了函数自变量的取值范围.函数关系中主要有二次根式、分式和零指数幂三部分.根据二次根式的意义,被开方数 $3x + 2 \geqslant 0$;根据分式有意义的条件,$x-2 \neq 0$;根据零指数次幂的底数不为 0,$x - \pi \neq 0$,从而解得 x 的范围.因此,在求函数自变量的取值范围时,考虑问题一定要全面.

易错点九　实际问题中，忽略实际意义对自变量的限制

案例12　已知水池中有 $800\ \mathrm{m^3}$ 的水，每小时抽走 $50\ \mathrm{m^3}$ 的水．写出水池中剩余水的体积 Q（单位：$\mathrm{m^3}$）与抽水时间 t（单位：h）之间的函数解析式，并求出自变量 t 的取值范围．

【考点涉及】实际问题中自变量的取值范围．

【错解呈现】根据题意，得 $Q=800-50t\,(t\geqslant 0)$．

【寻错索因】忽略了实际问题中抽走的水不能多于原有水量这一现实条件．心理性失误：没有结合实际考虑自变量的取值范围．

【正解参考】根据题意，得 $Q=800-50t$．

当抽完水时，有 $0=800-50t$，解得 $t=16$，

所以自变量 t 的取值范围为 $0\leqslant t\leqslant 16$．

所以 $Q=800-50t\,(0\leqslant t\leqslant 16)$．

【反思明理】本题考查了实际问题中自变量的取值范围，特别要注意抽走的水不能多于原有水量这一实际情况．

易错点十　函数图象问题中的动点问题考虑不全面

案例13　如图，直线 l_1,l_2 都与直线 l 垂直，垂足分别为点 M,N，$MN=1$．正方形 $ABCD$ 的边长为 $\sqrt{2}$，对角线 AC 在直线 l 上，且点 C 位于点 M 处．将正方形 $ABCD$ 沿 l 向右平移，直到点 A 与点 N 重合为止．记点 C 平移的距离为 x，正方形 $ABCD$ 的边位于 l_1,l_2 之间部分的长度和为 y，则 y 关于 x 的函数图象大致为（　　）

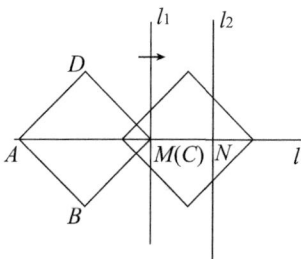

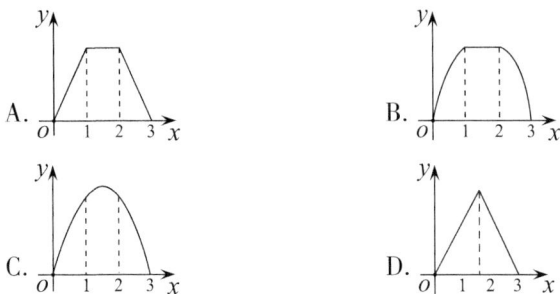

【考点涉及】函数图象中的动点问题.

【错解呈现】根据题意,得 $\begin{cases} 0 < x \leqslant \dfrac{3}{2} \text{时}, y = 2\sqrt{2}\,x, \\ \dfrac{3}{2} < x \leqslant 3 \text{时}, y = -2\sqrt{2}\,x + 6\sqrt{2}. \end{cases}$

故选 D.

【寻错索因】没有考虑到当 $1 < x \leqslant 2$ 时,正方形位于两条直线之间的部分正好是正方形周长的一半,则 $y = 2\sqrt{2}$.逻辑性失误:考虑问题不严谨.

【正解参考】根据题意,得 $\begin{cases} 0 < x \leqslant 1 \text{时}, y = 2\sqrt{2}\,x, \\ 1 < x \leqslant 2 \text{时}, y = 2\sqrt{2}, \\ 2 < x \leqslant 3 \text{时}, y = -2\sqrt{2}\,x + 6\sqrt{2}. \end{cases}$

故选 A.

【反思明理】这是一个动态问题,需要分段思考,求解关键是先确定函数解析式,再选择图象.在图形运动过程中,确定三种运动状态下的图形形态是重中之重.其中,关键点是确定图形变化瞬间的静态图形位置,从而得到分界点,然后再思考动态时的情况,确定各种情况下的取值范围,最后求出各部分对应的函数解析式,运用函数的图象、性质分析作答.有时直接根据各运动状态(如前后图形的对称状态带来函数图象的对称,前后图形面积的增减变化带来函数图象的递增或递减等)就能求解.

案例 14　如图,点 P 是菱形 $ABCD$ 边上的一动点,它从点 A 出发沿 $A \rightarrow B \rightarrow C \rightarrow D$ 路径匀速运动到点 D.设 $\triangle PAD$ 的面积为 y,点 P 的运动时间为 x,则 y 关于 x 的函数图象大致为(　　　)

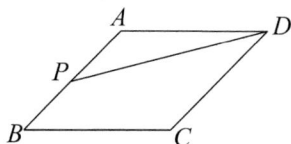

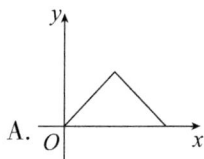

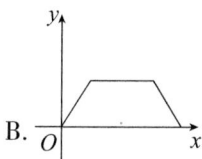

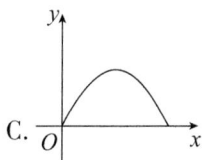

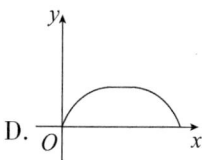

【考点涉及】函数图象中的动点问题.

【错解呈现】分两种情况:

①如图1,当点P在AB边上时,设菱形的高为h,$y=\dfrac{1}{2}AP\cdot h$,

∵AP随x的增大而增大,h不变,

∴y随x的增大而增大.

②如图2,当点P在边CD上时,$y=\dfrac{1}{2}PD\cdot h$,

∵PD随x的增大而减小,h不变,

∴y随x的增大而减小.

∵点P从点A出发沿$A\to B\to C\to D$路径匀速运动到点D,

∴点P在三条线段上运动的时间相同.

故选A.

【寻错索因】点P在AB,BC,CD这三条线段上运动时,没有正确表示出y与x的函数关系式.逻辑性失误:考虑问题不严谨.

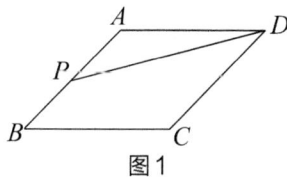

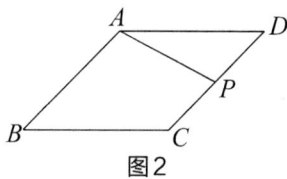

【正解参考】分三种情况：

①当点 P 在边 AB 上时，如图1，设菱形的高为 h，$y=\dfrac{1}{2}AP\cdot h$，$\because AP$ 随 x 的增大而增大，h 不变，

$\therefore y$ 随 x 的增大而增大．

故选项C不正确．

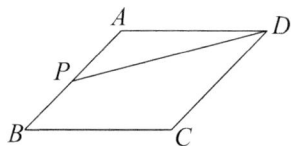

②当点 P 在边 BC 上时，如图2，设菱形的高为 h，$y=\dfrac{1}{2}AD\cdot h$，此时 AD 和 h 都不变，

$\therefore$ 在这个过程中，y 不变．

故选项A不正确．

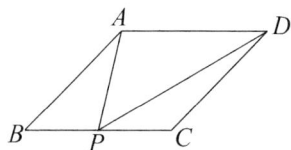

③当点 P 在边 CD 上时，如图3，设菱形的高为 h，$y=\dfrac{1}{2}PD\cdot h$，

$\because PD$ 随 x 的增大而减小，h 不变，

$\therefore y$ 随 x 的增大而减小．

$\because$ 点 P 从点 A 出发沿 $A\to B\to C\to D$ 路径匀速运动到点 D，

$\therefore$ 点 P 在三条线段上运动的时间相同，

故选项D不正确．

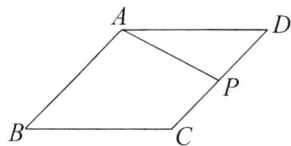

故选B.

【反思明理】本题考查了函数图象中的动点问题，该题要分情况讨论，分别求出点 P 在 AB，BC，CD 上运动时，y 与 x 的函数关系式以及自变量的取值范围．此外，解答该类问题有时也可以不用求出函数图象的解析式，而利用排除法．

案例15 如图，边长分别为1和2的两个等边三角形，开始它们在左边重合，大三角形固定不动，然后把小三角形自左向右匀速平移直至移出大三角形外停止．设小三角形移动的距离为 x，两个三角形重叠的面积为 y，则 y 关于 x 的函数图象是（ ）

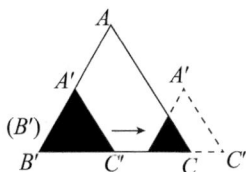

A.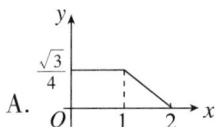

B.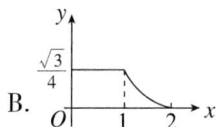

C.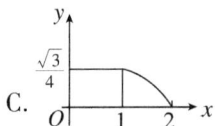

D.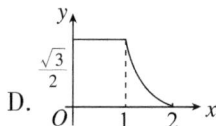

【考点涉及】动点问题的函数图象.

【错解呈现】①当 $x \le 1$ 时,两个三角形重叠的面积为小三角形的面积,

$\therefore y = \dfrac{1}{2} \times 1 \times \dfrac{\sqrt{3}}{2} = \dfrac{\sqrt{3}}{4}$.

②当 $1 < x \le 2$ 时,由于小三角形自左向右匀速移动,则重叠部分的面积就会匀速递减.

故选 A.

【寻错索因】没有准确判断出重叠面积 y 与平移距离 x 之间的函数关系,想当然地认为面积的变化趋势就是平移的变化趋势.逻辑性失误:考虑问题不严谨.心理性失误:思维定式导致出错.

【正解参考】①当 $x \le 1$ 时,两个三角形重叠的面积为小三角形的面积,

$\therefore y = \dfrac{1}{2} \times 1 \times \dfrac{\sqrt{3}}{2} = \dfrac{\sqrt{3}}{4}$.

②当 $1 < x \le 2$ 时,重叠三角形的边长为 $2 - x$,高为 $\dfrac{\sqrt{3}(2-x)}{2}$,

$\therefore y = \dfrac{1}{2} \times (2-x) \times \dfrac{\sqrt{3}(2-x)}{2} = \dfrac{\sqrt{3}}{4} x^2 - \sqrt{3}\,x + \sqrt{3}$.

故选 B.

【反思明理】本题主要考查了动点问题的函数图象,此类题目的图象往往是几个函数图象的组合体,需要对运动过程进行合理的分段.并分别求出各段内的函数解析式,再根据解析式判断函数的图象.

第2课 一次函数

★ 知识点——应知应懂 ★

1. 正比例函数

(1)理解正比例函数的定义及一般形式.

(2)熟练掌握并会运用正比例函数的图象和性质.

2. 一次函数

(1)理解一次函数的定义及一般形式 $y = kx + b$ ($k \neq 0$).

(2)掌握画函数 $y = kx + b$ ($k \neq 0$)图象的最简单方法.

(3)熟练掌握并会运用一次函数的性质.

(4)掌握用待定系数法确定一次函数解析式.

(5)理解一次函数解析式与图象上元素间的对应关系.

(6)掌握一次函数与一元一次方程的关系.

(7)掌握一次函数与一元一次不等式的关系.

(8)掌握一次函数与二元一次方程(组)的关系.

★ 易错点——辨误明理 ★

(1)对一次函数的定义及解析式的结构特征理解不透彻.

(2)对一次函数的图象特征理解不透彻.

(3)对一次函数的性质(尤其是增减性)理解不透彻.

(4)混淆函数图象与几何变换(平移、轴对称、旋转)的规律特点.

(5)混淆点的坐标与距离之间的关系.

(6)混淆两个函数解析式中的 k 值.

(7)在一次函数的应用中,忽略了题目背景的实际意义.

★ 析案例——避误纠错 ★

易错点一 对一次函数的定义及解析式的结构特征理解不透彻

案例1 已知关于 x 的函数 $y = (m - 3)x^{|m| - 2} + n - 2$.

(1)当 m, n 为何值时,它是一次函数.

(2)当 m, n 为何值时,它是正比例函数.

【考点涉及】一次函数的定义.

【错解呈现】(1)根据题意,得 $|m| - 2 = 1$,所以 $m = \pm 3$.

(2)根据题意,得 $\begin{cases} |m| - 2 = 1, \\ n - 2 = 0, \end{cases}$ 所以 $m = \pm 3, n = 2$.

【寻错索因】本题既要考虑 x 的指数为 1,又要考虑函数有意义,而错解忽略了使函数有意义的条件" $m - 3 \neq 0$ ",即 $m \neq 3$.四基性失误:对概念的理解不够透彻,考虑问题不够全面.

【正解参考】(1)根据题意,得 $\begin{cases} |m| - 2 = 1, \\ m - 3 \neq 0, \end{cases}$ 解得 $m = -3$.

(2)根据题意,得 $\begin{cases} |m| - 2 = 1, \\ m - 3 \neq 0, \\ n - 2 = 0, \end{cases}$ 解得 $m = -3, n = 2$.

【反思明理】本题主要考查一次函数的定义,考虑问题一定要全面.

案例2 若函数 $y = (m^2 - 4)x^m + mx + (m + 1)$ 是以 x 为自变量的一次函数,则 m 的值为_____.

【考点涉及】一次函数的定义.

【错解呈现】根据题意, y 是以 x 为自变量的一次函数,则指数 $m = 1$.

【寻错索因】本题既然出现了自变量的未知次幂,就需要对指数进行分类讨论,而不能直接将它看作一次函数.四基性失误:对函数概念的理解不够透彻,考虑问题不够全面.

【正解参考】由于解析式出现了 x 的 m 次幂,则需要对 m 进行分类讨论.

①当 $m=1$ 时,$y=-2x+2$ 是一次函数.

②当 $m\neq1$ 时,需满足 $m^2-4=0$,即 $m=\pm2$.此时,$y=2x+3$ 或 $y=-2x-1$ 均为一次函数.

所以 $m=1,2$ 或 -2.

【反思明理】本题主要考查一次函数的定义,解题的关键是要注意分类讨论.

案例3　有下列函数:①$y=\pi x$;②$y=2x-1$;③$y=\dfrac{1}{x}$;④$y=\dfrac{1}{x}-3x$;⑤$y=x^2-1$;⑥$y=3(2x^2-2x)-6x^2$.其中是一次函数的有(　　)

A.4个　　　　　　B.3个　　　　　　C.2个　　　　　　D.1个

【考点涉及】一次函数的定义.

【错解呈现】根据一次函数的定义可知 ①$y=\pi x$,②$y=2x-1$ 为一次函数.

故选C.

【寻错索因】化简⑥式,可得 $y=3(2x^2-2x)-6x^2=-6x$ 也是一次函数.四基性失误:对函数概念的理解不够透彻,考虑问题不够全面.

【正解参考】根据一次函数的定义可知 ①$y=\pi x$,②$y=2x-1$,⑥$y=3(2x^2-2x)-6x^2=-6x$ 为一次函数.

故选B.

【反思明理】由一次函数的定义:在某一个变化过程中,设有两个变量 x 和 y,如果满足这样的关系:$y=kx+b$(k 为一次项系数且 $k\neq0$,b 为任意常数),那么我们就说 y 是 x 的一次函数,其中 x 是自变量,y 是因变量(又称函数).判断一个函数是否为一次函数,应进行多方面考虑.有时还需要对原式进行化简,看是否能转化为一次函数的模型.

易错点二 对一次函数的图象特征理解不透彻

案例4 若函数 $y = -x^{a^2-8} - 3a - 5$ 是一次函数,且函数的图象经过第一象限,则 a 的值为_____.

【考点涉及】一次函数 $y = kx + b(k \neq 0)$ 的图象在坐标平面内的位置与 k, b 的关系.

【错解呈现】由题意,得 $a^2 - 8 = 1$,解得 $a = \pm 3$.

【寻错索因】造成上述错误解答的原因是遗漏了题设中"函数的图象经过第一象限"这一条件.四基性失误:对函数概念的理解不够透彻,考虑问题不够全面.心理性失误:粗心大意,漏看题中的条件.

【正解参考】由题意,得 $a^2 - 8 = 1$,解得 $a = \pm 3$.

因为一次函数的图象经过第一象限,所以 $-3a - 5 > 0$,即 $a < -\dfrac{5}{3}$,所以 $a = -3$.

【反思明理】本题考查了一次函数 $y = kx + b(k \neq 0)$ 的图象在坐标平面内的位置与 k, b 的关系.$k > 0$ 时,直线必经过第一、三象限;$k < 0$ 时,直线必经过第二、四象限;$b > 0$ 时,直线与 y 轴正半轴相交;$b = 0$ 时,直线过原点;$b < 0$ 时,直线与 y 轴负半轴相交.

案例5 若一次函数 $y = -3x + m$ 的图象不经过第一象限,则 m 的取值范围是_____.

【考点涉及】一次函数 $y = kx + b(k \neq 0)$ 的图象在坐标平面内的位置与 k, b 的关系,一次函数的特例——正比例函数.

【错解呈现】根据题意,得当 $m < 0$ 时,直线 $y = -3x + m$ 不经过第一象限.

【寻错索因】直线 $y = -3x + m$ 的图象不经过第一象限有两种情况:可能经过第二、三、四象限,此时 $m < 0$;也可能只经过第二、四象限,此时 $m = 0$.四基性失误:没有考虑到一次函数的特例——正比例函数.

【正解参考】①当该直线经过第二、三、四象限时,$m < 0$.

②当该直线经过第二、四象限时,$m = 0$.

故填:$m \leqslant 0$.

【反思明理】本题考查了一次函数 $y = kx + b(k \neq 0)$ 的图象在坐标平面内的位置与 k,b 的关系.要注意一次函数的特例——正比例函数.如果直线不经过某一象限,那么有可能经过另外三个象限或者只经过另外两个象限.所以我们在考虑一次函数的图象问题时,要考虑到正比例函数这种特殊的情况,避免漏解.

案例6 已知直线 $y = (1 - 3k)x + 2k - 1$.

(1)当 k 为何值时,该直线经过第二、三、四象限?

(2)当 k 为何值时,该直线与直线 $y = -3x - 5$ 平行?

【考点涉及】一次函数 $y = kx + b(k \neq 0)$ 的图象在坐标平面内的位置与 k,b 的关系,直线的平行关系.

【错解呈现】(1)由题意可知,直线 $y = (1 - 3k)x + 2k - 1$ 经过第二、三、四象限,

则 $\begin{cases} 1 - 3k \leqslant 0, \\ 2k - 1 \leqslant 0, \end{cases}$ 解得 $\dfrac{1}{3} \leqslant k \leqslant \dfrac{1}{2}$.

(2)由题意可知,直线 $y = (1 - 3k)x + 2k - 1$ 与直线 $y = -3x - 5$ 平行,

则 $1 - 3k = -3$,解得 $k = \dfrac{3}{4}$.

【寻错索因】(1)四基性失误:没有考虑到一次函数与正比例函数之间的一般与特殊的关系.

(2)四基性失误:两条直线互相平行,需满足 $k_1 = k_2$ 且 $b_1 \neq b_2$.

【正解参考】(1)由题意可知,直线 $y = (1 - 3k)x + 2k - 1$ 经过第二、三、四象限,

则 $\begin{cases} 1 - 3k < 0, \\ 2k - 1 < 0, \end{cases}$ 解得 $\dfrac{1}{3} < k < \dfrac{1}{2}$.

(2)由题意可知,直线 $y = (1 - 3k)x + 2k - 1$ 与直线 $y = -3x - 5$ 平行,

则 $\begin{cases} 1 - 3k = -3, \\ 2k - 1 \neq -5, \end{cases}$ 解得 $k = \dfrac{4}{3}$.

【反思明理】本题考查了一次函数 $y = kx + b(k \neq 0)$ 的图象在坐标平面内的位置与 k, b 的关系. 要注意一次函数的特例是正比例函数. 所以我们在考虑一次函数的图象问题时, 要考虑到正比例函数这种特殊的情况, 避免漏解与混淆; 要注意两条直线互相平行与重合之间的区别.

易错点三 对一次函数的性质（尤其是增减性）理解不透彻

案例 7 已知一次函数 $y = kx + b$, 当 $1 \leqslant x \leqslant 4$ 时, $3 \leqslant y \leqslant 6$, 则 b^k 的值是_____.

【考点涉及】一次函数的增减性.

【错解呈现】∵ 当 $1 \leqslant x \leqslant 4$ 时, 对应的函数值为 $3 \leqslant y \leqslant 6$,

∴ 当 $x = 1$ 时, $y = 3$; 当 $x = 4$ 时, $y = 6$.

∴ 可得方程组 $\begin{cases} k + b = 3, \\ 4k + b = 6, \end{cases}$ 解得 $\begin{cases} k = 1, \\ b = 2. \end{cases}$

∴ $b^k = 2^1 = 2$.

【寻错索因】由于问题中没有给出 y 随 x 的变化而怎样变化, 应该考虑有可能 y 随 x 的增大而增大, 也有可能 y 随 x 的增大而减小. 因此, 出错原因是没有考虑全面而漏解. 四基性失误: 对一次函数的增减性理解不全面.

【正解参考】① 当 $k > 0$ 时, 此函数是增函数, 即 y 随着 x 的增大而增大, 则当 $x = 1$ 时, $y = 3$; 当 $x = 4$ 时, $y = 6$.

∴ 可得方程组 $\begin{cases} k + b = 3, \\ 4k + b = 6, \end{cases}$ 解得 $\begin{cases} k = 1, \\ b = 2. \end{cases}$

∴ $b^k = 2^1 = 2$.

② 当 $k < 0$ 时, 此函数是减函数, 即 y 随着 x 的增大而减小, 则当 $x = 1$ 时, $y = 6$; 当 $x = 4$ 时, $y = 3$.

∴ 可得方程组 $\begin{cases} k + b = 6, \\ 4k + b = 3, \end{cases}$ 解得 $\begin{cases} k = -1, \\ b = 7. \end{cases}$

$$\therefore b^k = 7^{-1} = \frac{1}{7}.$$

综上, b^k 的值是 2 或 $\frac{1}{7}$.

【反思明理】本题考查了一次函数的增减性,如果题目中没有给出 y 随 x 的变化而怎样变化,那么就要考虑两种情况:一种是 y 随 x 的增大而增大,另一种是 y 随 x 的增大而减小. 因此,考虑函数的增减性一定要全面.

易错点四　混淆函数图象与几何变换（平移、轴对称、旋转）的规律特点

案例8　将一次函数 $y = 2x + 3$ 的图象沿 y 轴平移 4 个单位,那么平移后的图象与 x 轴的交点坐标为_____.

【考点涉及】一次函数图象上下平移的规律特点.

【错解呈现】将直线 $y = 2x + 3$ 沿 y 轴平移 4 个单位,可得 $y = 2x + 3 + 4$, 即 $y = 2x + 7$,则平移后直线与 x 轴的交点坐标为 $\left(-\frac{7}{2}, 0\right)$.

【寻错索因】问题没有考虑全面,题目中只是说沿 y 轴平移,并没有说向上还是向下平移,因此两种情况都要考虑到. 心理性失误:习惯性想到了向上平移,做加法,而没有考虑向下平移这种情况.

【正解参考】将直线 $y = 2x + 3$ 沿 y 轴平移 4 个单位,可得 $y = 2x + 3 + 4$ 或 $y = 2x + 3 - 4$,即 $y = 2x + 7$ 或 $y = 2x - 1$. 则平移后直线与 x 轴的交点坐标为 $\left(-\frac{7}{2}, 0\right)$ 或 $\left(\frac{1}{2}, 0\right)$.

【反思明理】本题主要考查了一次函数图象上下平移的规律特点. 需掌握直线上下平移的符号口诀"上加下减",并且本题还要注意考虑问题的全面性,题目中只是说沿 y 轴平移,并没有说向上还是向下平移,因此两种情况都需考虑.

案例9　直线 $y = -x - 2$ 关于 x 轴对称的直线的解析式为_____.

【考点涉及】一次函数图象关于坐标轴对称的变化规律,一个点的坐标关于坐标轴对称的变化规律.

【错解呈现】$y = x - 2$.

【寻错索因】没有看清题目所给条件,将关于 x 轴对称看成了关于 y 轴对称,从而导致变换错误.心理性失误:审题不清.

【正解参考】解法 1:在直线 $y = -x - 2$ 的图象上任意找两点,如 $(0, -2)$,$(1, -3)$,则 $(0, -2)$,$(1, -3)$ 关于 x 轴对称的点的坐标为 $(0, 2)$,$(1, 3)$.

设直线 $y = -x - 2$ 关于 x 轴对称的直线的解析式为 $y = kx + b$,将点 $(0, 2)$,$(1, 3)$ 代入,

解得 $k = 1$,$b = 2$.

所以直线 $y = -x - 2$ 关于 x 轴对称的直线的解析式为 $y = x + 2$.

解法 2:设点 (x, y) 在对称后的直线上,则点 $(x, -y)$ 在直线 $y = -x - 2$ 上.

所以 $-y = -x - 2$,则 $y = x + 2$.

所以直线 $y = -x - 2$ 关于 x 轴对称的直线的解析式为 $y = x + 2$.

【反思明理】本题考查了一次函数图象关于坐标轴对称的变化规律.我们知道点 (x, y) 关于 x 轴的对称点为 $(x, -y)$,即横坐标不变,纵坐标变为原来的相反数;关于 y 轴的对称点为 $(-x, y)$,即纵坐标不变,横坐标变为原来的相反数.从而得到了一次函数图象关于坐标轴对称的变化规律:一次函数 $y = kx + b$ 的图象关于 x 轴对称的图象解析式为 $y = -kx - b$,即 k,b 均变为原来的相反数;关于 y 轴对称的图象解析式为 $y = -kx + b$,即 k 要变为原来的相反数,而 b 不变.也可以通过数形结合来分析此类题型,根据图形,发现 k 和 b 的变化规律.

案例 10 直线 $y = 3x + 4$ 关于直线 $y = x$ 对称的直线的函数解析式是 _____.

【考点涉及】一次函数的图象关于某特定直线的对称性变化规律.

【错解呈现】$y = 3x + 4$.

【寻错索因】因对称轴为 $y = x$,误以为函数没有进行任何变化,还是原来的直线.四基性失误和心理性失误:审题不清,对直线的对称性理解不透彻.

【正解参考】解法1：两个函数关于直线 $y = x$（直线 $x = y$）成轴对称，即将函数解析式中的 x 与 y 对调.

则 $y = 3x + 4$ 可变换为 $x = 3y + 4$，化简可得 $y = \dfrac{1}{3}x - \dfrac{4}{3}$.

解法2：设 $P(x, y)$ 为所求函数解析式上的任意一点，

则关于直线 $y = x$ 的对称点为 $P'(y, x)$，

$\therefore P'(y, x)$ 在直线 $y = 3x + 4$ 上，代入得 $x = 3y + 4$.

$\therefore 3y = x - 4$，即 $y = \dfrac{1}{3}x - \dfrac{4}{3}$.

【反思明理】本题考查了一次函数图象关于某特定直线对称的变化规律.例如，直线 $y = kx + b$ 关于 $y = x$ 对称的直线为 $y = \dfrac{1}{k}x - \dfrac{b}{k}$，关于 $y = -x$ 对称的直线为 $y = -\dfrac{1}{k}x + \dfrac{b}{k}$.此类问题也可结合函数图象来分析，根据图形发现对称前后的 k 与 b 的变化规律.

易错点五　混淆点的坐标与距离之间的关系

案例 11　直线 $y = k_1x + b_1(k_1 > 0)$ 与 $y = k_2x + b_2(k_2 < 0)$ 相交于点 $(-2, 0)$，且两直线与 y 轴围成的三角形的面积为4，那么 b_1 与 b_2 的关系为_____.

【考点涉及】两条直线相交或平行问题，点的坐标与距离之间的关系.

【错解呈现】如图，直线 $y = k_1x + b_1(k_1 > 0)$ 与 y 轴交于点 B，则 $OB = b_1$，

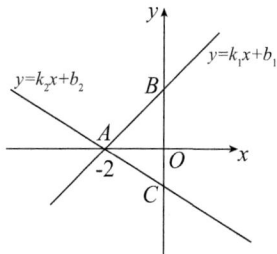

直线 $y = k_2x + b_2(k_2 < 0)$ 与 y 轴交于点 C，则 $OC = b_2$.

$\because \triangle ABC$ 的面积为4，

$$\therefore \frac{1}{2} \cdot OA \cdot OB + \frac{1}{2} \cdot OA \cdot OC = 4,$$

$$\therefore \frac{1}{2} \times 2 \times b_1 + \frac{1}{2} \times 2 \times b_2 = 4.$$

解得 $b_1 + b_2 = 4$.

故 b_1 与 b_2 的关系为 $b_1 + b_2 = 4$.

【寻错索因】误将点 C 的坐标当成了 OC 的长度,混淆了点的坐标与距离(长度)的关系,长度是正值,而坐标可以是正数也可以是负数.四基性失误:没能牢记点的坐标与距离之间的关系.

【正解参考】如图,直线 $y = k_1x + b_1(k_1 > 0)$ 与 y 轴交于点 B,则 $OB = b_1$,直线 $y = k_2x + b_2(k_2 < 0)$ 与 y 轴交于点 C,则 $OC = -b_2$.

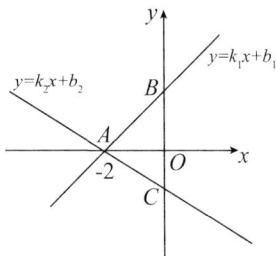

$\because \triangle ABC$ 的面积为 4,

$$\therefore \frac{1}{2} \cdot OA \cdot OB + \frac{1}{2} \cdot OA \cdot OC = 4,$$

$$\therefore \frac{1}{2} \times 2 \times b_1 + \frac{1}{2} \times 2 \times (-b_2) = 4.$$

解得 $b_1 - b_2 = 4$.

故 b_1 与 b_2 的关系为 $b_1 - b_2 = 4$.

【反思明理】本题考查了点的坐标与距离(长度)之间的关系.要时刻牢记长度是正值(暂不考虑为 0 的情况),而坐标可以是正数也可以是负数,必要时要分情况讨论.

案例 12 直线 $y = 2x - 2$ 与 x 轴交于点 A,与 y 轴交于点 B.在 x 轴上有一点 C 满足 $S_{\triangle ABC} = 3S_{\triangle AOB}$,求点 C 的坐标.

【考点涉及】点的坐标与距离之间的关系.

【错解呈现】设点 $A(x,0)$，则 $2x-2=0$，

解得 $x=1$，∴ $A(1,0)$.

设点 $B(0,y)$，则 $y=-2$，∴ $B(0,-2)$.

依照题意画出图形.

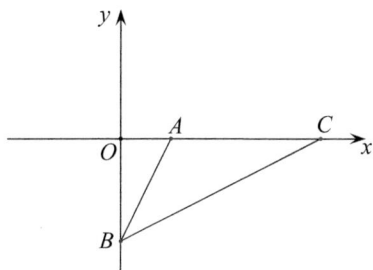

设点 C 的坐标为 $(m,0)$，则

$$S_{\triangle AOB}=\frac{1}{2}\cdot OA\cdot OB=\frac{1}{2}\times 1\times 2=1，$$

$$S_{\triangle ABC}=\frac{1}{2}\cdot AC\cdot OB=\frac{1}{2}\times(m-1)\times 2=m-1.$$

∵ $S_{\triangle ABC}=3S_{\triangle AOB}$，

∴ $m-1=3$.

解得 $m=4$.

则点 C 的坐标为 $(4,0)$.

【寻错索因】误将点 C 直接看为在点 A 的右侧，而忽略了点 C 还可以在点 A 的左侧，混淆了点的坐标与距离（长度）的关系. 四基性失误：没能牢记点的坐标与距离之间的关系.

【正解参考】设点 $A(x,0)$，则 $2x-2=0$，

解得 $x=1$，∴ $A(1,0)$.

设点 $B(0,y)$，则 $y=-2$，∴ $B(0,-2)$.

依照题意画出图形.

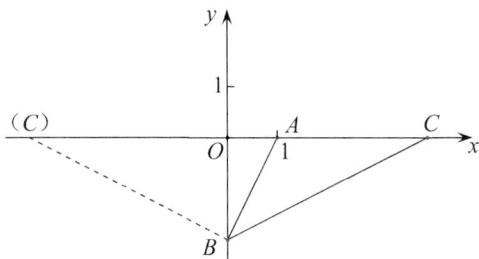

设点 C 的坐标为 $(m,0)$，则

$$S_{\triangle AOB} = \frac{1}{2} \cdot OA \cdot OB = \frac{1}{2} \times 1 \times 2 = 1 ,$$

$$S_{\triangle ABC} = \frac{1}{2} \cdot AC \cdot OB = \frac{1}{2} \times |m-1| \times 2 = |m-1| .$$

$\because S_{\triangle ABC} = 3S_{\triangle AOB}$，

$\therefore |m-1| = 3.$

解得 $m = 4$ 或 $m = -2$.

则点 C 的坐标为 $(4,0)$ 或 $(-2,0)$.

【反思明理】本题考查了点的坐标与距离（长度）之间的关系. 涉及三角形的面积计算，在表示三角形的面积时，要用线段的长度而不能直接用点的坐标，所以在计算时，应将线段的长度加上绝对值，必要时要分情况讨论点的不同位置，避免遗漏其他符合条件的点.

易错点六　混淆两个函数解析式中的 k 值

案例13　已知一次函数的图象与正比例函数的图象相交于点 $A(-1,4)$，且一次函数的图象又经过点 $B(2,-2)$，求一次函数和正比例函数的解析式.

【考点涉及】一次函数和正比例函数的解析式.

【错解呈现】设一次函数的解析式为 $y = kx + b$，正比例函数的解析式为 $y = kx$.

将点 $A(-1,4)$ 代入正比例函数解析式，得 $k = -4$，则正比例函数的解析式为 $y = -4x$.

又一次函数的图象经过点 $B(2,-2)$，所以 $-2 = (-4) \times 2 + b$，解得 $b = 6$，

则一次函数的解析式为 $y = -4x + 6$.

【寻错索因】错解中将一次函数和正比例函数的系数 k 混淆了, 设解析式时设成了同一个 k 值, 实际上两个函数的一次项系数是不同的. 四基性失误: 理解概念不够透彻, 考虑问题不够全面.

【正解参考】设一次函数的解析式为 $y = k_1 x + b (k_1 \neq 0)$,

正比例函数的解析式为 $y = k_2 x (k_2 \neq 0)$.

因为一次函数的图象经过点 $A(-1, 4)$ 和 $B(2, -2)$,

得 $\begin{cases} -k + b = 4, \\ 2k + b = -2, \end{cases}$ 解得 $\begin{cases} k = -2, \\ b = 2. \end{cases}$

所以一次函数的解析式为 $y = -2x + 2$.

将点 $A(-1, 4)$ 代入正比例函数的解析式 $y = k_2 x$, 得 $k_2 = -4$,

则正比例函数的解析式为 $y = -4x$.

【反思明理】遇到此类问题设解析式时, 一定要将各个解析式中的一次项系数设成不同的字母 $k_1, k_2, \cdots$, 不能使用同一个字母 k, 否则解答时很容易混淆导致出错.

易错点七　在一次函数的应用中, 忽略了题目背景的实际意义

案例14　周长为 16 cm 的等腰三角形的腰长为 x cm, 底边长为 y cm, 求 y 与 x 之间的函数关系式, 并写出函数自变量的取值范围.

【考点涉及】一次函数的应用.

【错解呈现】由题意, 得 $2x + y = 16$, 所以 y 与 x 之间的函数关系式为 $y = 16 - 2x$.

由 $16 - 2x > 0$, 得 $x < 8$, 又 $x > 0$, 所以自变量的取值范围是 $0 < x < 8$.

【寻错索因】造成错解的原因是只考虑了三角形边长大于 0, 而忽视了三边构成三角形的条件, 即任意两边之和大于第三边. 四基性失误: 理解概念不够透彻, 考虑问题不够全面.

【正解参考】由题意, 得 $2x + y = 16$, 且 $x + x > y > 0$,

得 $2x = 16 - 2x$,解得 $x > 4$.

所以 y 与 x 之间的函数关系式为 $y = 16 - 2x$. 由 $16 - 2x > 0$,得 $x < 8$. 所以函数自变量的取值范围是 $4 < x < 8$.

【反思明理】涉及一次函数的应用问题时,除了要全面考虑一次函数的定义、性质外,还要考虑所涉及的实际问题因素.比如本题中的三角形因素,必须考虑到三角形的定义和性质,这样才能全面地完成解答,得出正确的结果.

案例 15 某学校开展"青少年科技创新比赛"活动,"喜洋洋"代表队设计了一个遥控车沿直线轨道 AC 做匀速直线运动的模型.甲、乙两车同时分别从 A,B 两处出发,沿轨道到达 C 处,在 AC 上,甲的速度是乙的速度的 1.5 倍,设 t(分)后甲、乙两辆遥控车与 B 处的距离分别为 d_1,d_2,则 d_1,d_2 与 t 的函数关系如图,试根据图象解决下列问题:

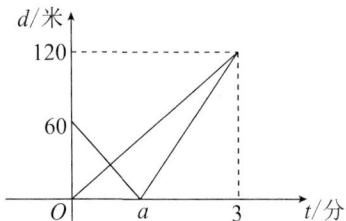

(1)填空:乙的速度 v_2=＿＿＿＿＿米/分;

(2)写出 d_1 与 t 的函数关系式;

(3)若甲、乙两辆遥控车的距离超过 10 米时信号不会产生相互干扰,试探求什么时间两辆遥控车的信号不会产生相互干扰?

【考点涉及】一次函数的应用.

【错解呈现】(1)乙的速度 v_2=120÷3=40(米/分).

(2)v_1=1.5v_2=1.5×40=60(米/分),60÷60=1(分钟),$a = 1$,

由待定系数法,可得 $d_1 = \begin{cases} -60t + 60 (0 \leq t < 1), \\ 60t - 60 (1 \leq t \leq 3). \end{cases}$

(3)由图象可知 $d_2 = 40t$,

由于乙在甲的前方,则 $d_2 - d_1 > 10$,

即 $-60t + 60 - 40t > 10$,

解得 $0 \leqslant t < \dfrac{1}{2}$.

即当 $0 \leqslant t < \dfrac{1}{2}$ 时, 两辆遥控车的信号不会产生相互干扰.

【寻错索因】对于第三小问, 需要根据甲车相对于 B 点的位置关系进行分类讨论, 而不能只用起步阶段的位置来计算. 策略性失误: 对行程问题中的运动过程分析不够透彻, 考虑问题不够全面.

【正解参考】(1) 乙的速度 $v_2=120\div3=40$ (米/分).

(2) $v_1=1.5v_2=1.5\times40=60$ (米/分), $60\div60=1$ (分钟), $a = 1$,

由待定系数法, 可得 $d_1 = \begin{cases} -60t + 60(0 \leqslant t < 1), \\ 60t - 60(1 \leqslant t \leqslant 3). \end{cases}$

(3) 由图象可知 $d_2 = 40t$.

① 当 $0 \leqslant t < 1$ 时, $d_2 + d_1 > 10$,

即 $-60t + 60 + 40t > 10$,

解得 $0 \leqslant t < 2.5$.

则当 $0 \leqslant t < 1$ 时, 两辆遥控车的信号不会产生相互干扰.

② 当 $1 \leqslant t \leqslant 3$ 时, $d_2 - d_1 > 10$,

即 $40t - (60t - 60) > 10$, 解得 $1 \leqslant t < \dfrac{5}{2}$.

则当 $1 \leqslant t < \dfrac{5}{2}$ 时, 两辆遥控车的信号不会产生相互干扰.

综上所述: 当 $0 \leqslant t < \dfrac{5}{2}$ 时, 两遥控车的信号不会产生相互干扰.

【反思明理】本题考查了一次函数的应用: (1) 利用路程、速度和时间三者的关系; (2) 利用待定系数法求解函数解析式; (3) 讨论两者之间的位置关系时, 需要在各自的区间内进行讨论, 不可以偏概全.

案例 16 在平面直角坐标系中, O 为原点, 直线 $l: x = 1$, 点 $A(2, 0)$, 点 E, F, M 都在直线 l 上, 且点 E 和点 F 关于点 M 对称, 直线 EA 与直线 OF 交于点 P.

(1)假设点 M 的坐标为 $(1, -1)$.

①当点 F 的坐标为 $(1, 1)$ 时,如图,求点 P 的坐标;

②当点 F 为直线 l 上的动点时,记点 $P(x, y)$,求 y 关于 x 的函数解析式.

(2)若点 $M(1, m)$,点 $F(1, t)$,其中 $t \neq 0$,过点 P 作 $PQ \perp l$ 于点 Q,当 $OQ = PQ$ 时,试用含 t 的式子表示 m.

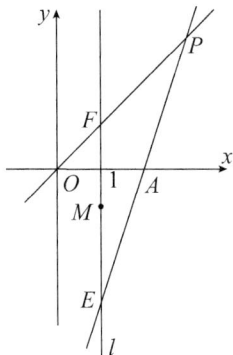

【考点涉及】一次函数的综合应用.

【错解呈现】(1)① $\because$ 点 $O(0, 0)$,$F(1, 1)$,

$\therefore$ 直线 OF 的解析式为 $y = x$.

设直线 EA 的解析式为 $y = kx + b(k \neq 0)$.

$\because$ 点 E 和点 F 关于点 $M(1, -1)$ 对称,

$\therefore$ $E(1, -3)$.

又 $A(2, 0)$,点 E 在直线 EA 上,

$\therefore$ $\begin{cases} 0 = 2k + b, \\ -3 = k + b, \end{cases}$ 解得 $\begin{cases} k = 3, \\ b = -6, \end{cases}$

$\therefore$ 直线 EA 的解析式为 $y = 3x - 6$.

$\because$ 点 P 是直线 OF 与直线 EA 的交点,

即 $\begin{cases} y = x, \\ y = 3x - 6, \end{cases}$ 解得 $\begin{cases} x = 3, \\ y = 3, \end{cases}$

$\therefore$ 点 P 的坐标是 $(3, 3)$.

② 由已知,可设点 F 的坐标是 $(1, t)$.

∴直线 OF 的解析式为 $y = tx$.

设直线 EA 的解析式为 $y = cx + d(c, d$ 是常数，且 $c \neq 0)$.

由点 E 和点 F 关于点 $M(1, -1)$ 对称，得点 $E(1, 2 - t)$.

又点 A, E 在直线 EA 上，

∴ $\begin{cases} 2c + d = 0, \\ c + d = 2 - t, \end{cases}$ 解得 $\begin{cases} c = t - 2, \\ d = 4 - 2t, \end{cases}$

∴直线 EA 的解析式为 $y = (t - 2)x + (4 - 2t)$.

∵点 P 是直线 OF 与直线 EA 的交点，

∴ $tx = (t - 2)x + (4 - 2t)$，即 $t = 2 - x$.

则有 $y = tx = (2 - x)x = -x^2 + 2x$.

(2) 由(1)可得，直线 OF 的解析式为 $y = tx$.

同理，求得直线 EA 的解析式为 $y = (t - 2m)x - 2t + 2m$.

∵点 P 是直线 OF 与直线 EA 的交点，

∴ $tx = (t - 2m)x - 2(t - 2m)$，

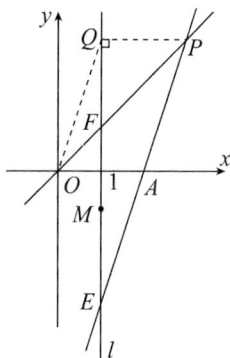

化简，得 $x = 2 - \dfrac{t}{m}$.

有 $y = tx = 2t - \dfrac{t^2}{m}$.

∴点 P 的坐标为 $\left(2 - \dfrac{t}{m}, 2t - \dfrac{t^2}{m} \right)$.

如图，过 P 点作 $PQ \perp l$ 于点 Q，连接 OQ，得点 $Q\left(1, 2t - \dfrac{t^2}{m} \right)$，

∴由勾股定理，可得 $OQ^2 = 1 + t^2 \left(2 - \dfrac{t}{m} \right)^2$，$PQ^2 = \left(1 - \dfrac{t}{m} \right)^2$.

∵ $OQ = PQ$，

∴ $1 + t^2 \left(2 - \dfrac{t}{m} \right)^2 = \left(1 - \dfrac{t}{m} \right)^2$，

化简，得 $t(t - 2m)(t^2 - 2mt - 1) = 0$.

∴ $t - 2m = 0$，

解得 $m = \dfrac{t}{2}$.

则 $m = \dfrac{t}{2}$ 即为所求.

【寻错索因】在第(1)题的②中,关于对称点的坐标关系出错;在第(2)题中,利用等式的性质化简时出错.四基性失误:对对称关系和等式的性质理解不够透彻.

【正解参考】(1)① 同上.

② 由已知可设点 F 的坐标是 $(1, t)$.

∴ 直线 OF 的解析式为 $y = tx$.

设直线 EA 的解析式为 $y = cx + d$(c, d 是常数,且 $c \neq 0$).

由点 E 和点 F 关于点 $M(1, -1)$ 对称,得点 $E(1, -2 - t)$.

又点 A, E 在直线 EA 上,

∴ $\begin{cases} 0 = 2c + d, \\ -2 - t = c + d, \end{cases}$ 解得 $\begin{cases} c = 2 + t, \\ d = -2(2 + t), \end{cases}$

∴ 直线 EA 的解析式为 $y = (2 + t)x - 2(2 + t)$.

∵ 点 P 是直线 OF 与直线 EA 的交点,

∴ $tx = (2 + t)x - 2(2 + t)$,即 $t = x - 2$.

则有 $y = tx = (x - 2)x = x^2 - 2x$.

(2) 由(1)可得,直线 OF 的解析式为 $y = tx$.

同理,求得直线 EA 的解析式为 $y = (t - 2m)x - 2(t - 2m)$.

∵ 点 P 是直线 OF 与直线 EA 的交点,

∴ $tx = (t - 2m)x - 2(t - 2m)$,

化简,得 $x = 2 - \dfrac{t}{m}$.

有 $y = tx = 2t - \dfrac{t^2}{m}$.

∴ 点 P 的坐标为 $\left(2 - \dfrac{t}{m}, \ 2t - \dfrac{t^2}{m}\right)$.

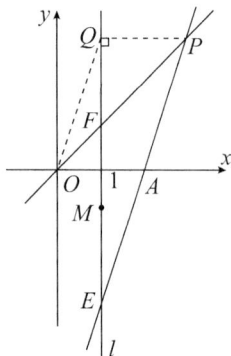

如图,过 P 点作 $PQ \perp l$ 于点 Q,连接 OQ,得点 $Q\left(1, 2t - \dfrac{t^2}{m}\right)$,

$\therefore$ 由勾股定理,可得 $OQ^2 = 1 + t^2\left(2 - \dfrac{t}{m}\right)^2$, $PQ^2 = \left(1 - \dfrac{t}{m}\right)^2$.

$\because OQ = PQ$,

$\therefore 1 + t^2\left(2 - \dfrac{t}{m}\right)^2 = \left(1 - \dfrac{t}{m}\right)^2$,

化简,得 $t(t - 2m)\left(t^2 - 2mt - 1\right) = 0$.

又 $\because t \neq 0$,

$\therefore t - 2m = 0$ 或 $t^2 - 2mt - 1 = 0$,

解得 $m = \dfrac{t}{2}$ 或 $m = \dfrac{t^2 - 1}{2t}$.

则 $m = \dfrac{t}{2}$ 或 $m = \dfrac{t^2 - 1}{2t}$ 即为所求.

【反思明理】本题考查了一次函数的相关知识.涉及用待定系数法求一次函数解析式,一次函数与直线的交点问题.此题难度不大,掌握好两直线间的交点的求法和待定系数法求一次函数解析式就能解答本题.

第3课　反比例函数

★ 知识点——应知应懂 ★

1. 理解反比例函数的概念，能根据已知条件确定反比例函数的解析式

(1)反比例函数的概念.

(2)反比例函数的判断.

(3)待定系数法求反比例函数解析式.

2. 会画反比例函数的图象，根据图象和解析式探索并理解反比例函数的基本性质

(1)用描点法画反比例函数的图象,步骤:列表—描点—连线.

(2)反比例函数图象的对称性.

(3)反比例函数的性质.

(4)反比例函数系数 k 的几何意义.

(5)反比例函数图象上点的坐标.

3. 能用反比例函数解决简单的实际问题

(1)反比例函数与一次函数的交点问题.

(2)根据实际问题列反比例函数关系式.

(3)利用反比例函数关系式解决简单的实际问题.

★ 易错点——辨误明理 ★

(1)对反比例函数的概念理解有误.

(2)对反比例函数的性质理解不清.

(3)忽略反比例函数中系数k的几何意义及双曲线的对称性.

(4)反比例函数图象中有关点的坐标中的动点问题考虑不全面.

(5)反比例函数与一次函数的交点问题考虑不全面.

(6)建立反比例函数模型解决实际问题有困难.

★ 析案例——避误纠错 ★

易错点一　对反比例函数的概念理解有误

案例 1　下列函数:①$y = -2x - 1$;②$y = \dfrac{3}{2x}$;③$y = \dfrac{2}{x-1}$;④$y = \dfrac{1}{x^2}$;⑤$y = \dfrac{m}{x}$;⑥$y = \dfrac{\pi}{x}$.其中y是关于x的反比例函数的有_____(填序号).

【考点涉及】反比例函数的概念.

【错解呈现】①$y = -2x - 1$是一次函数,不是反比例函数;

②$y = \dfrac{3}{2x}$是反比例函数,其中比例系数$k = \dfrac{3}{2}$;

③$y = \dfrac{2}{x-1}$是y关于x的反比例函数,其中比例系数$k = 2$;

④$y = \dfrac{1}{x^2}$是y关于x的反比例函数,其中比例系数$k = 1$;

⑤$y = \dfrac{m}{x}$是反比例函数,其中比例系数$k = m$;

⑥$y = \dfrac{\pi}{x}$是反比例函数,其中比例系数$k = \pi$.

综上,y是关于x的反比例函数的有②③④⑤⑥.

【寻错索因】根据反比例函数的定义,反比例函数的一般式是$y = \dfrac{k}{x}(k \neq 0)$,即可判定各函数的类型是否符合题意.显然,定义中要注意两个方面:一是反比例函数的表达形式$y = \dfrac{k}{x}$,其中分母为自变量x;二是k的取值范围.定义中明确要求 $k \neq 0$,否则就不是反比例函数.

四基性失误:对反比例函数的概念理解不清,掌握不全,导致推理失误;认知结构和能力结构存在缺陷,只片面地看到反比例函数的表达形式,没有全面地看清 k 的取值要求,导致选择失误.

【正解参考】①$y = -2x - 1$ 是一次函数,不是反比例函数;

②$y = \dfrac{3}{2x}$ 是反比例函数,其中比例系数 $k = \dfrac{3}{2}$;

③$y = \dfrac{2}{x - 1}$ 不是 y 关于 x 的反比例函数,而是 y 关于 $x - 1$ 的反比例函数;

④$y = \dfrac{1}{x^2}$ 不是 y 关于 x 的反比例函数,而是 y 关于 x^2 的反比例函数;

⑤当 $m \neq 0$ 时,$y = \dfrac{m}{x}$ 是反比例函数,没有此条件则不是;

⑥$y = \dfrac{\pi}{x}$ 是反比例函数,其中比例系数 $k = \pi$.

综上,y 是关于 x 的反比例函数的有②⑥.

【反思明理】数学学习的本质是概念的学习,数学概念是解题活动的出发点与依据.提倡"解题有据",就是要求推理、论证的每一步都能从课本的概念中找到支撑的依据,绝不能想当然地加以臆测或错误地编造.此题主要考查了反比例函数的定义,关键是掌握反比例函数的定义:形如 $y = \dfrac{k}{x}(k \neq 0)$ 的函数称为反比例函数,其中 x 的取值范围是不等于 0 的一切实数.这是反比例函数定义的组成中不可缺少的一部分.

案例 2 若 y 与 $x + 3$ 成反比例,且当 $x = -2$ 时,$y = 3$,则 y 与 x 之间是（　　）关系.

A.正比例函数　　　　B.反比例函数　　　C.一次函数　　　　D.其他

【考点涉及】反比例函数的概念.

【错解呈现】B.

【寻错索因】分不清反比例关系和反比例函数之间的联系与区别导致出

错.四基性失误:混淆数学概念,认知结构存在缺陷,导致推理出错.

【正解参考】由于 y 与 $x+3$ 成反比例,设 $y=\dfrac{k}{x+3}$,

将 $x=-2,y=3$ 代入,解得 $k=3$,则 $y=\dfrac{3}{x+3}$.

则 $y=\dfrac{3}{x+3}$ 既不是 y 关于 x 的一次函数,也不是反比例函数,故选 D.

【反思明理】反比例关系和反比例函数是两个不同的概念.对于关系式 $y=\dfrac{k}{x}(k\neq0)$,x 是自变量,y 是 x 的反比例函数.若 y 与 $x+3$ 成反比例,则比例关系式是 $y=\dfrac{k}{x+3}$,把 $x+3$ 看成自变量,y 与 $x+3$ 是反比例关系,而把 x 看作自变量,y 与 x 之间就不是反比例关系,它们之间也不是反比例函数关系.掌握函数的定义是解决函数问题的基础,在学习反比例函数知识时,一定要对定义理解透彻.

案例 3 已知函数 $y=y_1+y_2$,其中 y_1 与 x 成正比例,y_2 与 x 成反比例,且当 $x=1$ 时,$y=4$;当 $x=2$ 时,$y=\dfrac{13}{2}$.求 y 与 x 的关系式.

【考点涉及】正比例函数与反比例函数的概念.

【错解呈现】因为 y_1 与 x 成正比例,所以可设 $y_1=kx$,同理可设 $y_2=\dfrac{k}{x}$,

所以 $y=kx+\dfrac{k}{x}$.已知当 $x=1$ 时,$y=4$,代入 $y=kx+\dfrac{k}{x}$,求得 $k=2$.

故 y 与 x 的关系式为 $y=2x+\dfrac{2}{x}$.

【寻错索因】上述错解的原因是混淆了正比例函数中的 k 值与反比例函数中的 k 值,实际上这两个函数中的 k 值是不一定相同的,所以我们应分别设 $y_1=k_1x,y_2=\dfrac{k_2}{x}$,然后代入题设给出的两个点,求出 k_1,k_2 的值.

四基性失误:混淆数学概念,认知结构存在缺陷,导致推理出错.

【正解参考】设 $y_1=k_1x,y_2=\dfrac{k_2}{x}$,则 $y=k_1x+\dfrac{k_2}{x}$.

已知当 $x = 1$ 时, $y = 4$; 当 $x = 2$ 时, $y = \dfrac{13}{2}$.

所以 $\begin{cases} k_1 + k_2 = 4, \\ 2k_1 + \dfrac{1}{2}k_2 = \dfrac{13}{2}, \end{cases}$ 解得 $\begin{cases} k_1 = 3, \\ k_2 = 1. \end{cases}$

故 y 与 x 的关系式为 $y = 3x + \dfrac{1}{x}$.

【反思明理】遇到此类问题设解析式时,一定要将各个解析式中的系数 k 设成不同的字母 $k_1, k_2, \cdots$, 不能都用同一个字母 k, 否则解答时很容易出错.

易错点二 对反比例函数的性质理解不清

案例4 如果点 $A(-2, y_1)$, $B(-1, y_2)$, $C(2, y_3)$ 都在反比例函数的图象上,那么 y_1, y_2, y_3 的大小关系是( )

A. $y_1 < y_3 < y_2$ B. $y_2 < y_1 < y_3$ C. $y_1 < y_2 < y_3$ D. $y_3 < y_2 < y_1$

【考点涉及】反比例函数的性质.

【错解呈现】因为 $k > 0$, 所以 y 随着 x 的增大而减小. 又 $-2 < -1 < 2$, 所以 $y_3 < y_2 < y_1$, 故选 D.

【寻错索因】由于 $k > 0$, 因对反比例函数性质的理解出错,误以为 y 随 x 的增大而减小. 实际上,当 $k > 0$ 时,双曲线的两支分别位于第一、三象限,在每一象限内 y 随 x 的增大而减小. 四基性失误:混淆概念性质,没有充分理解并记忆反比例函数的性质,导致推理失误;认知结构和能力结构存在缺陷.

【正解参考】解法1:把 $x = -2$, $x = -1$, $x = 2$ 分别代入 $y = \dfrac{k}{x}$, 得 $y_1 = -\dfrac{k}{2}$, $y_2 = -k$, $y_3 = \dfrac{k}{2}$. 因为 $k > 0$, 所以 $y_2 < y_1 < y_3$. 故选 B.

解法2:由于 $k > 0$, 双曲线的两支分别位于第一、三象限,在每一象限内 y 随 x 的增大而减小. 因为 $-2 < -1 < 0$, $2 > 0$, 所以 $y_2 < y_1 < 0$, $y_3 > 0$, 所以 $y_2 < y_1 < y_3$. 故选 B.

【反思明理】函数是中学数学中非常重要的知识点,对于反比例函数的性质一定要充分理解,在理解的基础上加以记忆,切不可想当然. 本题考查了反比例函数的性质.反比例函数 $y = \dfrac{k}{x}$ 的图象是双曲线:(1)当 $k > 0$ 时,反比例函数图象在第一、三象限,在每一个象限内,y 随 x 的增大而减小;(2)当 $k < 0$ 时,反比例函数图象在第二、四象限,在每一个象限内,y 随 x 的增大而增大.解题时要看清两点在双曲线的同一支上,还是在不同的两支上,分类讨论解决问题.

案例 5 函数 $y = mx - m$ 与 $y = \dfrac{m}{x}$ $(m \neq 0)$ 在同一平面直角坐标系中的图象可能是( )

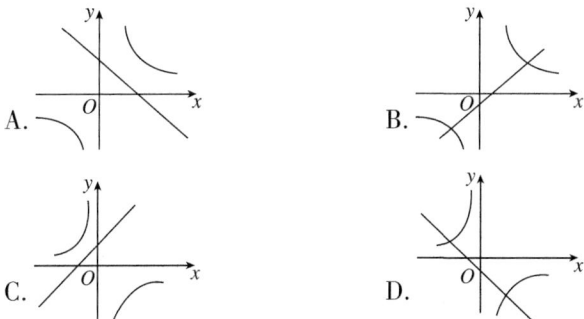

A. B. C. D.

【考点涉及】反比例函数图象的性质,一次函数图象的性质.

【错解呈现】

当 $m > 0$ 时,一次函数 $y = mx - m$ 与反比例函数 $y = \dfrac{m}{x}$ 图象都经过第一、三象限;

当 $m < 0$ 时,一次函数 $y = mx - m$ 与反比例函数 $y = \dfrac{m}{x}$ 图象都经过第二、四象限.

则 B,D 选项的图象均符合要求,故选 B,D.

【寻错索因】从 m 的取值来看,笼统地认为当 $m > 0$ 时,图象都经过第一、三象限;当 $m < 0$ 时,图象都经过第二、四象限,从而直接误选 B,D 选项.根据反比例函数的比例系数可确定其图象所经过的象限,而对于一次函数,必须综合考虑比例系数和常数项才可得其图象经过的象限.四基性失误:数学思想方法领悟不透,不能利用数形结合合理地解决问题.心理性失误:思

维定式.逻辑性失误:思维不严谨,推理不严密.

【正解参考】当 $m > 0$ 时,反比例函数图象经过第一、三象限,一次函数图象经过第一、三、四象限,故 A 错误.当 $m < 0$ 时,反比例函数图象经过第二、四象限,一次函数经过第一、二、四象限,故 C,D 错误.

综上所述,本题答案为 B.

【反思明理】本题主要利用数形结合的数学思想方法,充分考查反比例函数和一次函数图象的性质:(1)反比例函数 $y = \dfrac{k}{x}(k \neq 0)$.当 $k > 0$ 时,图象分布在第一、三象限;当 $k < 0$ 时,图象分布在第二、四象限.(2)一次函数 $y = kx + b(k \neq 0)$.当 $k > 0$ 时,图象必过第一、三象限;当 $k < 0$ 时,图象必过第三、四象限;当 $b > 0$ 时,图象与 y 轴交于正半轴;当 $b = 0$ 时,图象经过原点;当 $b < 0$ 时,图象与 y 轴交于负半轴.

在学习反比例函数时,不仅要学会通过分析反比例函数的图象得到函数性质,借助函数图象来处理问题.反过来,也要学会利用反比例函数的性质去描绘函数图象,并与其他函数相结合,通过分析 k 的情况,准确绘制出简单的函数图象.

易错点三 **忽略反比例函数中系数 k 的几何意义及双曲线的对称性**

案例 6 如图,l_1 是反比例函数 $y = \dfrac{k}{x}$ 在第一象限内的图象,且经过点 $A(1, 2)$.若 l_1 关于 x 轴对称的图象为 l_2,那么 l_2 的函数表达式为_____.

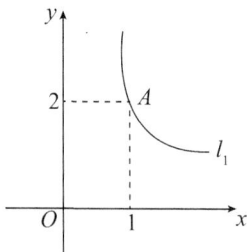

【考点涉及】反比例函数的解析式及其图象的对称性.

【错解呈现】因为 l_1 关于 x 轴对称的图象为 l_2,所以点 A 关于 x 轴的对称

点 A' 在 l_2 的函数图象上,从而可求出 l_2 的函数表达式.点 $A(1,2)$ 关于 x 轴的对称点为 $(1,-2)$.所以 l_2 的函数表达式为 $y=-\dfrac{2}{x}$.

【寻错索因】未考虑原反比例函数的自变量的取值范围为 $x>0$,即原反比例函数的图象只有第一象限一支,其对称后的图象也只有位于第四象限的一支.四基性失误:数形结合思想理解不透.心理性失误:审题浮躁,理解肤浅.

【正解参考】因为 l_1 关于 x 轴对称的图象为 l_2,所以点 $A(1,2)$ 关于 x 轴的对称点 A' 在 l_2 的函数图象上,从而可求出 l_2 的函数表达式.点 $A(1,2)$ 关于 x 轴的对称点为 $(1,-2)$.所以 l_2 的函数表达式为 $y=-\dfrac{2}{x}$.因为 l_1 是反比例函数 $y=\dfrac{k}{x}$ 在第一象限内的图象,其关于 x 轴对称的图象位于第四象限,所以 $x>0$.则 l_2 的函数表达式为 $y=-\dfrac{2}{x}(x>0)$.

【反思明理】(1)反比例函数的图象是双曲线,它有两个分支,这两个分支分别位于第一、三象限 $(k>0)$,或第二、四象限 $(k<0)$,它们关于原点对称.由于反比例函数中自变量 $x\neq0$,函数 $y\neq0$,所以它的图象与 x 轴、y 轴都没有交点,即双曲线的两个分支无限接近坐标轴,但永远不会与坐标轴相交.(2)反比例函数的图象属于以原点为对称中心的中心对称双曲线.若题中有特别说明,则需根据具体要求画出函数图象.

案例7　如图,函数 $y=-x$ 与函数 $y=\dfrac{k}{x}$ 的图象相交于 A,B 两点,过 A,B 两点分别作 y 轴的垂线,垂足分别为点 C,D,且四边形 $ACBD$ 的面积为 8,求 k 的值.

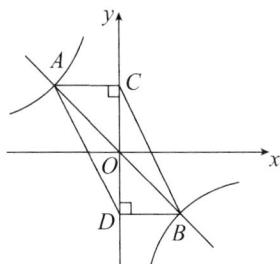

【考点涉及】反比例函数图象的对称性及几何意义.

【错解呈现】$k = 8$.

【寻错索因】未能很好地理解反比例函数的对称性,以及与一次函数图象的结合问题;不能正确利用反比例函数的几何意义,将解析式中的比例系数 k 转化为函数图象中的信息.四基性失误:数学思想方法领悟不透,不会利用数形结合,不能将反比例函数中系数 k 的几何意义和反比例函数的性质与图象相结合.策略性失误:未联想到反比例函数中系数 k 的几何意义.心理性失误:审题浮躁,理解肤浅.

【正解参考】根据正比例函数与反比例函数的图象在平面直角坐标系中的对称性,可知 A,B 两点是关于原点成中心对称的关系.所以四边形 $ACBD$ 是平行四边形.

则 $S_{\triangle AOC} = S_{\triangle AOD} = S_{\triangle BOC} = S_{\triangle BOD} = \dfrac{1}{4} S_{四边形ABCD} = \dfrac{1}{4} \times 8 = 2$.

而点 A 为 $y = \dfrac{k}{x}$ 图象上一点,且 $AC \perp y$ 轴,O 为坐标原点,

根据反比例函数的几何意义,可知 $S_{\triangle AOC} = \dfrac{1}{2}|k|$,解得 $k = \pm 4$,

由图象经过第二、四象限,即 $k < 0$,所以 $k = -4$.

【反思明理】(1)在学习反比例函数图象时,要充分理解并掌握其独有的特征.反比例函数图象既是轴对称图形,又是中心对称图形.其对称轴分别是:①第二、四象限的角平分线所在的直线 $y = -x$;②第一、三象限的角平分线所在的直线 $y = x$.其对称中心是坐标原点.

(2)在反比例函数 $y = \dfrac{k}{x}$ 图象上任取一点,过这个点向 x 轴和 y 轴分别作

垂线,与坐标轴围成的矩形面积是定值$|k|$.

本题一方面考查了正比例函数与反比例函数交点坐标的性质,即两交点坐标关于原点对称;另一方面考查了反比例函数的性质以及图形的面积问题,利用集合意义从面积推导出k的值.

案例8　如图,过y轴上任意一点P,作x轴的平行线,分别与反比例函数$y=-\dfrac{4}{x}$和$y=\dfrac{2}{x}$的图象交于点A和点B,若C为x轴上任意一点,连接AC,BC,则$\triangle ABC$的面积为(　　)

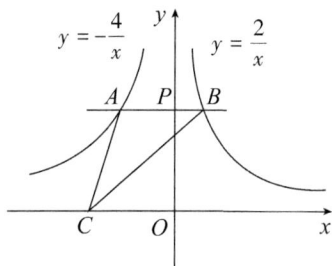

A.3　　　　　　B.4　　　　　　C.5　　　　　　D.6

【考点涉及】反比例函数图象的对称性及几何意义.

【错解呈现】D.

【寻错索因】不能正确利用反比例函数的几何意义,即如何将解析式中的比例系数k转化为图象中的面积问题,导致无从下手.四基性失误:数学思想方法领悟不透,不会利用数形结合数学思想.策略性失误:未联想到反比例函数中k的几何意义.

【正解参考】设点$P(0,b)$,由于直线AB平行于x轴,

则A,B两点的纵坐标都为b.而点A在反比例函数$y=-\dfrac{4}{x}$的图象上,

∴当$y=b$时,$x=-\dfrac{4}{b}$,即点A坐标为$\left(-\dfrac{4}{b},b\right)$.

又∵点A在反比例函数$y=\dfrac{2}{x}$的图象上,

∴当$y=b$时,$x=\dfrac{2}{b}$,即点B坐标为$\left(\dfrac{2}{b},b\right)$.

$$\therefore AB = \frac{2}{b} - \left(-\frac{4}{b}\right) = \frac{6}{b},$$

$$\therefore S_{\triangle ABC} = \frac{1}{2} \cdot AB \cdot OP = \frac{1}{2} \cdot \frac{6}{b} \cdot b = 3. \text{ 故选 A.}$$

【反思明理】(1)在反比例函数 $y = \frac{k}{x}$ 图象上任取一点,过这个点向 x 轴和 y 轴分别作垂线,与坐标轴围成的矩形面积是定值 $|k|$.过这个点向一条坐标轴作垂线,该点与垂足及坐标原点围成的矩形面积是定值 $\frac{|k|}{2}$.(2)同底等高的三角形面积相等,求其面积时可转化为某特殊点所构成的三角形,化一般为特殊.

案例9 如图,已知一次函数 $y = -x + 4$ 的图象与反比例函数 $y = \frac{2}{x}$ ($x > 0$)的图象分别交于 A, B 两点,点 M 是一次函数图象在第一象限上的任意一点,过 M 分别向 x 轴、y 轴作垂线,垂足分别为 M_1, M_2.设矩形 $M_1 M_1 O M_2$ 的面积为 S_1,点 N 为反比例函数图象上任意一点,过点 N 分别向 x 轴、y 轴作垂线,垂足分别为 N_1, N_2,设矩形 $N N_1 O N_2$ 的面积为 S_2.

(1)若设点 M 的坐标为 (x, y),请写出 S_1 关于 x 的函数表达式,并求 x 取何值时,S_1 有最大值;

(2)观察图象,通过确定 x 的取值,试比较 S_1, S_2 的大小.

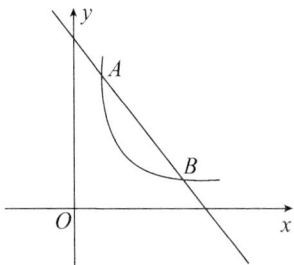

【考点涉及】反比例函数与面积问题.

【错解呈现】(1)∵ M 的坐标为 (x, y),且点 M 在一次函数的图象上,

$\therefore y = -x + 4.$

$\therefore S_1 = xy = x(-x + 4) = -x^2 + 4x = -(x - 2)^2 + 4.$

$\therefore$ 当 $x = 2$ 时, $S_{1最大值} = 4$.

(2)设 $N(x_1, y_1)$,且点 N 在反比例函数 $y = \dfrac{2}{x}$ 的图象上,

$\therefore S_2 = x_1 \cdot y_1 = 2$,由 $S_1 = S_2$,可得 $-x^2 + 4x = 2$,即 $x = 2 \pm \sqrt{2}$.

当 $x = 2 \pm \sqrt{2}$ 时, $S_1 = S_2$,

当 $x \neq 2 \pm \sqrt{2}$ 时, $S_1 \neq S_2$.

【寻错索因】以上错解未能严格地比较出 S_1 与 S_2 之间的大小关系,而只是笼统地指出 S_1, S_2 是否相等时的取值范围.四基性失误:认知结构和综合能力结构存在缺陷.

【正解参考】(1)$\because M$ 的坐标为 (x, y),且点 M 在一次函数的图象上,

$\therefore y = -x + 4$.

$\therefore S_1 = xy = x(-x + 4) = -x^2 + 4x = -(x - 2)^2 + 4$.

$\therefore$ 当 $x = 2$ 时, $S_{1最大值} = 4$.

(2)设 $N(x_1, y_1)$,且点 N 在反比例函数 $y = \dfrac{2}{x}$ 的图象上,

$\therefore S_2 = x_1 \cdot y_1 = 2$,由 $S_1 = S_2$,可得 $-x^2 + 4x = 2$,即 $x = 2 \pm \sqrt{2}$.

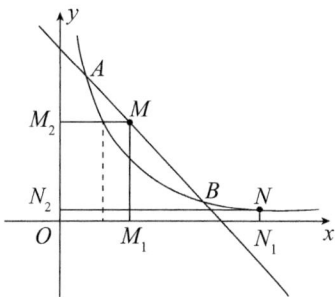

通过观察图象可得:

当 $x = 2 \pm \sqrt{2}$ 时, $S_1 = S_2$;

当 $0 < x < 2 - \sqrt{2}$ 或 $x > 2 + \sqrt{2}$ 时, $S_1 < S_2$;

当 $2 - \sqrt{2} < x < 4$ 时, $S_1 > S_2$.

【反思明理】本题考查了一次函数和反比例函数的性质及应用.学会通

过图象比较面积的大小;学会通过函数解析式及图象上点的坐标来表示某图形的面积;了解反比例函数 $y = \dfrac{k}{x}(k \neq 0)$ 中的比例系数 k 在函数图象上的几何意义;在比较两个元素的大小关系时,先找出使其相等的定值,再区分中间值和两端值所对应的大小关系.

易错点四 反比例函数图象中有关点的坐标中的动点问题考虑不全面

案例10 已知反比例函数 $y = \dfrac{k}{x}$ 的图象经过点 $A(-\sqrt{3}, 1)$.

(1)试确定此反比例函数的解析式;

(2)点 O 是坐标原点,将线段 OA 绕点 O 顺时针旋转 $30°$ 得到线段 OB. 判断点 B 是否在此反比例函数的图象上,并说明理由;

(3)已知点 $P(m, \sqrt{3}m + 6)$ 也在此反比例函数的图象上(其中 $m < 0$),过点 P 作 x 轴的垂线,交 x 轴于点 M. 若线段 PM 上存在一点 Q,使得 $\triangle OQM$ 的面积是 $\dfrac{1}{2}$,设点 Q 的纵坐标为 n,求 $n^2 - 2\sqrt{3}n + 9$ 的值.

【考点涉及】 待定系数法,旋转的性质,三角函数的定义,求代数式的值等.

【错解呈现】 (1)由题意得 $1 = \dfrac{k}{-\sqrt{3}}$,解得 $k = -\sqrt{3}$,

∴反比例函数的解析式为 $y = -\dfrac{\sqrt{3}}{x}$.

(2)过点 A 作 x 轴的垂线交 x 轴于点 C.

在 $\mathrm{Rt}\triangle AOC$ 中,$OC = \sqrt{3}$,$AC = 1$,

∴$OA = \sqrt{OC^2 + AC^2} = 2$,$\angle AOC = 30°$.

∵将线段 OA 绕点 O 旋转 $30°$ 得到线段 OB,此时点 B 落在 x 轴上且坐标为 $(-2, 0)$,

∴点 B 不在反比例函数图象上.

(3) 由 $y = -\dfrac{\sqrt{3}}{x}$, 得 $xy = -\sqrt{3}$.

∴ 点 $P(m, \sqrt{3}m + 6)$ 在反比例函数 $y = -\dfrac{\sqrt{3}}{x}$ 的图象上,其中 $m < 0$,

∴ $m(\sqrt{3}m + 6) = -\sqrt{3}$, ∴ $m^2 + 2\sqrt{3}m + 1 = 0$, 解得 $m = -\sqrt{3} \pm \sqrt{2}$.

∵ $PQ \perp x$ 轴, ∴ 点 Q 的坐标为 (m, n).

∵ $\triangle OQM$ 的面积是 $\dfrac{1}{2}$, ∴ $OM \cdot QM = 1$,

∴ $mn = 1$, ∴ $n = -\sqrt{3} \pm \sqrt{2}$.

∴ $n^2 - 2\sqrt{3}n + 9 = 20 + 4\sqrt{6}$ 或 $20 - 4\sqrt{6}$.

【寻错索因】(1) 在第二问中弄错了旋转方向导致错解;(2) 在第三问中忽略了点 Q 的位置而将点 Q 的纵坐标写错,导致最终的错解.四基性失误:混淆概念,没有充分理解并记忆旋转的基本要素,导致推理失误;认知结构和综合能力结构存在缺陷.

【正解参考】(1) 由题意得 $1 = \dfrac{k}{-\sqrt{3}}$, 解得 $k = -\sqrt{3}$,

∴ 反比例函数的解析式为 $y = -\dfrac{\sqrt{3}}{x}$.

(2) 如图,过点 A 作 x 轴的垂线交 x 轴于点 C.

在 $\mathrm{Rt}\triangle AOC$ 中, $OC = \sqrt{3}$, $AC = 1$,

∴ $OA = \sqrt{OC^2 + AC^2} = 2$, $\angle AOC = 30°$,

∵ 将线段 OA 绕点 O 顺时针旋转 $30°$ 得到线段 OB,

∴ $\angle AOB = 30°$, $OB = OA = 2$.

∴ $\angle BOC = 60°$.

过点 B 作 x 轴的垂线交 x 轴于点 D.

在 $\mathrm{Rt}\triangle BOD$ 中, $BD = OB \cdot \sin\angle BOD = \sqrt{3}$, $OD = OB = 1$,

∴ 点 B 的坐标为 $(-1, \sqrt{3})$,

将 $x = -1$ 代入 $y = -\dfrac{\sqrt{3}}{x}$, 得 $y = \sqrt{3}$.

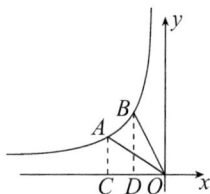

$\therefore$ 点 $B(-1,\sqrt{3})$ 在反比例函数 $y=-\dfrac{\sqrt{3}}{x}$ 的图象上.

(3) 由 $y=-\dfrac{\sqrt{3}}{x}$,得 $xy=-\sqrt{3}$.

$\therefore$ 点 $P(m,\sqrt{3}m+6)$ 在反比例函数 $y=-\dfrac{\sqrt{3}}{x}$ 的图象上,其中 $m<0$,

$\therefore m(\sqrt{3}m+6)=-\sqrt{3}$,$\therefore m^2+2\sqrt{3}m+1=0$.

$\because PQ\perp x$ 轴,$\therefore$ 点 Q 的坐标为 (m,n).

$\because S_{\triangle OQM}=\dfrac{1}{2}$,$\therefore \dfrac{1}{2}\cdot OM\cdot QM=\dfrac{1}{2}\cdot(-m)\cdot n=\dfrac{1}{2}$.

$\because m<0,n>0$,$\therefore m\cdot n=-1$,$\therefore m^2n^2+2mn+n^2=0$,

$\therefore n^2-2n=-1$,$\therefore n^2-2n+9=8$.

【反思明理】本题综合考查了反比例函数的解析式和性质,以及旋转和三角函数的基本知识,综合性较高,难度较大.(1)图形绕着某一个点或一个轴做圆周运动所具备的三个基本要素:旋转中心、旋转方向、旋转角度.而其具有以下三大基本特征:①对应点到旋转中心的距离相等;②对应点与旋转中心所连线段的夹角等于旋转角;③旋转前、后的图形全等.(2)反比例函数 $y=\dfrac{k}{x}(k\neq0)$ 的解析式还可以表示为 $y=kx^{-1}(k\neq0)$ 或 $xy=k(k\neq0)$,要根据不同的条件选择合适的解析式类型.(3)坐标系中的面积问题尤其需要注意点的坐标与距离两者之间的区别,坐标有正负之分,而距离通常表示对应坐标的绝对值.

案例 11 如图,点 $P(a,b)$ 和点 $Q(c,d)$ 是反比例函数 $y=\dfrac{1}{x}$ 图象上第一象限内的两个动点 $(a<b,a\neq c)$,且始终有 $OP=OQ$.

(1)找出 a,b,c,d 中相等的量.

(2)P_1 是点 P 关于 y 轴的对称点,Q_1 是点 Q 关于 x 轴的对称点,连接 P_1Q_1 分别交 OP,OQ 于点 M,B 两点.

①试判断 PQ 与 P_1Q_1 之间的位置关系;

②求四边形$PQNM$的面积S能否等于$\dfrac{8}{5}$? 若能,求出点P的坐标;若不能,请说明理由.

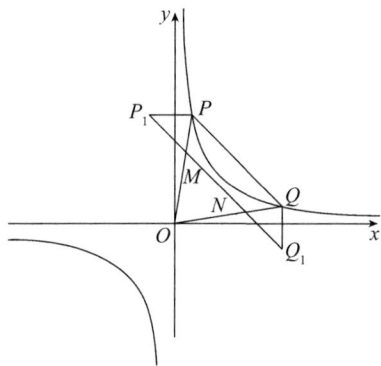

【考点涉及】待定系数法求反比例函数解析式,勾股定理,相似三角形的性质.

【错解呈现】$(1)\because$点$P(a,b)$和点$Q(c,d)$是反比例函数$y=\dfrac{1}{x}$图象上第一象限内的两个动点,且$a<b,a\neq c$.

$\therefore ab=1,cd=1,$即$b=\dfrac{1}{a},c=\dfrac{1}{d}.$且$OP=OQ$.

$\therefore a^2+b^2=c^2+d^2,$即$a^2+\left(\dfrac{1}{a}\right)^2=d^2+\left(\dfrac{1}{d}\right)^2.$

$\therefore (ad-1)\cdot(a-d)=0.$

$\therefore ad=1$或$a=d$,

当$ad=1$时,由已知条件知$ab=1$,可得$b=d$,同理可得$a=c$.

当$a=d$时,同理可得$b=c$.

$(2)①PQ \parallel P_1Q_1.$

【寻错索因】由于忽略了原题条件中的点的特征“$ab=1$”,导致出现多余的错解.四基性失误:认知结构和能力结构存在缺陷,数形结合思想理解不透.心理性失误:审题不仔细,考虑问题不够全面.

【正解参考】$(1)\because$点$P(a,b)$和点$Q(c,d)$是反比例函数$y=\dfrac{1}{x}$图象上第

一象限内的两个动点,且 $a < b, a \neq c$.

$\therefore ab = 1, cd = 1$,即 $b = \dfrac{1}{a}, c = \dfrac{1}{d}$. 且 $OP = OQ$.

$\therefore a^2 + b^2 = c^2 + d^2$,即 $a^2 + \left(\dfrac{1}{a}\right)^2 = d^2 + \left(\dfrac{1}{d}\right)^2$.

$\therefore a^4 d^2 + d^2 = a^2 + a^2 d^4$,

$\therefore a^4 d^2 - a^2 d^4 = a^2 - d^2$,

$\therefore a^2 d^2 \left(a^2 - d^2\right) - \left(a^2 - d^2\right) = 0$,

$\therefore (ad - 1) \cdot (a - d) = 0$.

由于 $ab = 1$,则 $ad \neq 1$.

$\therefore a = d$,同理可得 $b = c$.

(2)① $\because P_1$ 是点 $P(a, b)$ 关于 y 轴的对称点,

$\therefore P_1(-a, b)$,由(1)知,$a = d, b = c$,

$\therefore Q(c, d)$,即为 $Q(b, a)$.

$\because Q_1$ 是点 Q 关于 x 轴的对称点,

$\therefore Q_1(b, -a)$.

由待定系数法,求得直线 PQ 的解析式为 $y = -x + a + b$,

直线 $P_1 Q_1$ 的解析式为 $y = -x + b - a$,

$\therefore PQ \parallel P_1 Q_1$.

②如图,设 PP_1 与 y 轴交于点 A,QQ_1 与 x 轴交于点 B,过点 P 作 $PD \perp x$ 轴于点 D.

则 $S_{\triangle OPQ} = S_{五边形OAPQB} - S_{\triangle OAP} - S_{\triangle OQB} = S_{五边形OAPQB} - S_{\triangle OAP} - S_{\triangle OPD} = S_{梯形PDBQ}$

$= \dfrac{1}{2}(a + b)(b - a)$.

如图,设直线 MN 与 y 轴交于点 E,PQ 与 y 轴交于点 C.

则 $C(0, a + b), E(0, b - a)$.

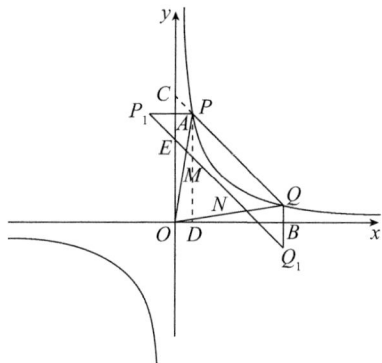

$$\therefore S_{\triangle OMN} : S_{\triangle OPQ} = (OE : OC)^2 = \left(\frac{b-a}{a+b}\right)^2,$$

$$\therefore S_{\triangle OMN} = \frac{1}{2}(a+b)(b-a)\left(\frac{b-a}{a+b}\right)^2$$

$$= \frac{1}{2} \cdot \frac{(b-a)^3}{a+b},$$

$$\therefore S_{\text{四边形}PQNM} = S_{\triangle OPQ} - S_{\triangle OMN} = \frac{1}{2}(a+b)(b-a) - \frac{1}{2} \cdot \frac{(b-a)^3}{a+b}$$

$$= \frac{1}{2}(b-a) \cdot \frac{(a+b)^2 - (a-b)^2}{a+b} = \frac{1}{2}(b-a) \cdot \frac{4}{a+b} = \frac{8}{5},$$

解得 $b = 9a$. $\because ab = 1$, $\therefore a = \frac{1}{3}$, $b = 3$. $\therefore P\left(\frac{1}{3}, 3\right)$.

【反思明理】本题综合考查了运用待定系数法求函数解析式,反比例函数、相似三角形的性质等知识,难度很大.整个推导和计算的过程都要严谨.第(1)问主要考查反比例函数解析式的模型 $xy = k$,即点 $P(a, b)$ 在函数 $y = \frac{k}{x}$ 上,则满足 $ab = k$,该问需要根据不同的条件选择不同类型的解析式;同时考查了将几何图形中线段的等量关系,转化为用勾股定理表示出点的坐标之间的数量关系.第(2)问在证明直线的位置关系时,需要转化为函数解析式中对应相等的元素,即两条直线 $l_1: y_1 = k_1x + m$ 与 $l_2: y_2 = k_2x + n$,当 $k_1 = k_2$ 时,$l_1 \parallel l_2$;当 $k_1 \cdot k_2 = -1$ 时,$l_1 \perp l_2$.第(3)问是中考中常见的利用割补法求不规则图形的面积问题,其中还渗透了相似三角形的面积关系.本题的综合性很强,很好地检验了学生的基本知识和综合运用能力.

案例12　在平面直角坐标系中,函数 $y_1 = \dfrac{1}{2}x + 2$ 与 $y_2 = \dfrac{6}{x}$ 的图象相交于 A, B 两点. 当 $y_1 > y_2$ 时, x 的取值范围是(　　)

A.$x < -6$　　　　B.$-6 < x < 0$ 或 $x > 2$

C.$x > 2$　　　　D.$x < -6$ 或 $0 < x < 2$

【考点涉及】反比例函数与一次函数的图象的交点问题.

【错解呈现】解方程组 $\begin{cases} y = \dfrac{1}{2}x + 2, \\ y = \dfrac{6}{x}, \end{cases}$ 得 $\begin{cases} x_1 = 2, \\ y_1 = 3, \end{cases} \begin{cases} x_2 = -6, \\ y_2 = -1. \end{cases}$

即 $A(2, 3), B(-6, -1)$.

猜测 x 的值越大, y 的值就越大, 所以当 $x > 2$ 时, $y_1 > y_2$, 故选 C.

【寻错索因】本题需先求出两个函数的交点坐标, 不可盲目下笔, 应根据交点情况, 画出一次函数和反比例函数图象进行观察. 当一次函数图象在反比例函数图象上方时, 说明此范围内 $y_1 > y_2$; 当一次函数图象在反比例函数图象下方时, 说明此范围内 $y_1 < y_2$. 而显然在错解中并未进行判断, 导致错误.

四基性失误:认知结构和能力结构存在缺陷,数学思想方法领悟不透,不会合理利用数形结合解题,在考查取值范围时,应画出较为准确的函数图象,通过直观的观察、判断来解题.心理性失误:观察不仔细,认识不全面.

【正解参考】解方程组 $\begin{cases} y = \dfrac{1}{2}x + 2, \\ y = \dfrac{6}{x}, \end{cases}$ 得 $\begin{cases} x_1 = 2, \\ y_1 = 3, \end{cases} \begin{cases} x_2 = -6, \\ y_2 = -1. \end{cases}$

即 $A(2, 3), B(-6, -1)$.

在平面直角坐标系中画出一次函数 $y_1 = \dfrac{1}{2}x + 2$ 和反比例函数 $y_2 = \dfrac{6}{x}$ 的图象,如图所示,一次函数 $y_1 = \dfrac{1}{2}x + 2$ 的图象经过第一、二、三象限, y 随 x 的

增大而增大;反比例函数 $y_2 = \dfrac{6}{x}$ 的图象分布在第一、三象限,在每个象限内 y 随 x 的增大而减小.

以点 A 和点 B 及 y 轴为界,从左到右:

当 $x < -6$ 时,一次函数图象在反比例函数图象的下方,则 $y_1 < y_2$;

当 $-6 < x < 0$ 时,一次函数图象在反比例函数图象的上方,则 $y_1 > y_2$;

当 $0 < x < 2$ 时,一次函数图象在反比例函数图象的下方,则 $y_1 < y_2$;

当 $x > 2$ 时,一次函数图象在反比例函数图象的上方,则 $y_1 > y_2$.

所以当 $y_1 > y_2$ 时,x 的取值范围是 $-6 < x < 0$ 或 $x > 2$,故选 B.

【反思明理】本题考查了一次函数与反比例函数的交点问题,能熟记函数的性质和图象是解答此题的关键.

(1)求反比例函数与一次函数的交点坐标,可把两个函数关系式联立方程组求解.若方程组有解,则两者有交点;若方程组无解,则两者无交点.

(2)判断正比例函数 $y_1 = k_1 x$ 和反比例函数 $y_2 = \dfrac{k_2}{x}$ 在同一直角坐标系中的交点个数的方法可总结为:①当 k_1 与 k_2 同号时,正比例函数 $y_1 = k_1 x$ 和反比例函数 $y_2 = \dfrac{k_2}{x}$ 在同一直角坐标系中有 2 个交点;②当 k_1 与 k_2 异号时,正比例函数 $y_1 = k_1 x$ 和反比例函数 $y_2 = \dfrac{k_2}{x}$ 在同一直角坐标系中有 0 个交点.

在解答两个函数交点问题的过程中,必要时可以利用数形结合,画出图象有助于直观准确地解答题目.函数图象是函数的重要表达形式之一,它将函数的变化趋势直观化,为准确且深刻地理解抽象的函数性质提供了看得见的形,具有很强的解题功能.

案例13 如图,一次函数 $y = k_1 x + b$ 的图象经过 $A(0, -2)$,$B(1, 0)$ 两点,与反比例函数 $y = \dfrac{k_2}{x}$ 的图象在第一象限内的交点为 M,若 $\triangle OBM$ 的面积为 2.

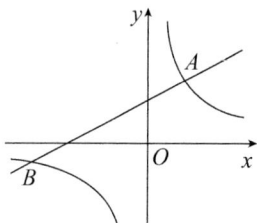

（1）求一次函数和反比例函数的表达式；

（2）在坐标轴上是否存在点 P，使 $AM \perp MP$？ 若存在，求出点 P 的坐标；若不存在，说明理由．

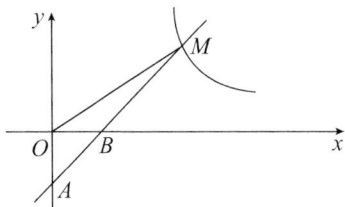

【考点涉及】一次函数和反比例函数的交点问题，三角形的面积问题和分类讨论思想．

【错解呈现】（1）$\because$ 直线 $y = k_1 x + b$ 过 $A(0, -2)$，$B(1, 0)$ 两点，

$\therefore$ 解得 $\begin{cases} k_1 = 2, \\ b = -2, \end{cases}$

$\therefore$ 一次函数的表达式为 $y = 2x - 2$．

$\therefore$ 设 $M(m, n)$，作 $MD \perp x$ 轴于点 D，

$\because S_{\triangle OBM} = 2$，$OB = 1$，$MD = n$，

$\therefore S_{\triangle OBM} = \dfrac{1}{2} \cdot OB \cdot MD = \dfrac{1}{2} \times 1 \times n = 2$，

$\therefore n = 4$，

将 $M(m, 4)$ 代入 $y = 2x - 2$，得 $4 = 2m - 2$．

$\therefore m = 3$，即 $M(3, 4)$．

$\because$ 点 $M(3, 4)$ 在双曲线 $y = \dfrac{k_2}{x}$ 上，解得 $k_2 = 12$．

$\therefore$ 反比例函数的表达式为 $y = \dfrac{12}{x}$．

（2）如图，过点 $M(3, 4)$ 作 $MP \perp AM$ 交 x 轴于点 P．

$\because MD \perp BP$，

$\therefore \angle PMD = \angle MBD = \angle ABO$，

$\therefore \tan \angle PMD = \tan \angle MBD = \tan \angle ABO = 2$，

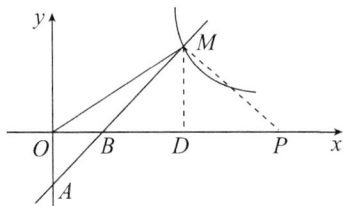

$\therefore$ 在 Rt$\triangle PDM$ 中,$\dfrac{PD}{MD} = 2$,

$\therefore PD = 2MD = 8$,

$\therefore OP = OD + PD = 11$,

$\therefore$ 在 x 轴上存在点 P,使 $PM \perp AM$,

此时点 P 的坐标为 $(11, 0)$.

【寻错索因】本题的第一问解答完全正确;第二问需满足的要求是在坐标轴上找到点 P,而不能单纯地认为只在 x 轴上,还应考虑到 y 轴上是否存在符合条件的点. 心理性失误:观察不仔细,认识不全面.逻辑性失误:思维不严谨,推理不严密.

【正解参考】(1)同上.

(2)解法1:如图,过点 $M(3, 4)$ 作 $MP \perp AM$ 交 x 轴于点 P.

$\because MD \perp BP$,

$\therefore \angle PMD = \angle MBD = \angle ABO$,

$\therefore \tan \angle PMD = \tan \angle MBD = \tan \angle ABO = \dfrac{OA}{OB} = \dfrac{2}{1} = 2$,

$\therefore$ 在 Rt$\triangle PDM$ 中,$\dfrac{PD}{MD} = 2$,

$\therefore PD = 2MD = 8$,

$\therefore OP = OD + PD = 11$,

$\therefore$ 在 x 轴上存在点 $P_1(11, 0)$,使 $PM \perp AM$.

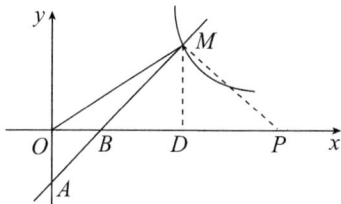

同理可得,当 P 点位于 y 轴上时,存在点 $P_2\left(0, \dfrac{11}{2}\right)$,满足 $PM \perp AM$.

解法2:利用两条直线的特殊位置关系,即当 $l_1 \perp l_2$ 时,则有 $k_1 \cdot k_2 = -1$.

设经过点 M 且与直线 AM 垂直的直线为 $y' = mx + n$,

$\because PM \perp AM$.

$\therefore 2 \times m = -1$,即 $m = -\dfrac{1}{2}$,且经过点 $M(3, 4)$,

$\therefore$ 解得 $n = \dfrac{11}{2}$. 则直线 MP 的函数解析式为 $y = -\dfrac{1}{2}x + \dfrac{11}{2}$.

$\therefore$ 令 $y = 0$ 时, $x = 11$, 此时满足条件的点 P 的坐标为 $P_1(11, 0)$;

令 $x = 0$ 时, $y = \dfrac{11}{2}$, 此时满足条件的点 P 的坐标为 $P_2\left(0, \dfrac{11}{2}\right)$.

【反思明理】本题考查的是反比例函数与一次函数的交点问题,涉及到的知识点为用待定系数法求一次函数与反比例函数的解析式、锐角三角函数的定义,熟知以上知识是解答此题的关键.解法二利用了两条直线的特殊的位置关系,即对于两条直线 $l_1: y_1 = k_1 x + b_1 (k_1 \neq 0)$ 和 $l_2: y_2 = k_2 x + b_2 (k_2 \neq 0)$,满足(1)当 $l_1 \perp l_2$ 时, $k_1 \cdot k_2 = -1$;(2)当 $l_1 \parallel l_2$ 时, $k_1 = k_2 (b_1 \neq b_2)$.这是容易被忽视的一种方法,学生在平时需要加强训练.

案例 14 在平面直角坐标系中,反比例函数 $y = \dfrac{k}{x}$ 的图象经过点 $A(1, 4)$, $B(m, n)$.

(1)求代数式 mn 的值;

(2)若二次函数 $y = (x - 1)^2$ 的图象经过点 B,求代数式 $m^3 n - 2m^2 n + 3mn - 4n$ 的值;

(3)若反比例函数 $y = \dfrac{k}{x}$ 的图象与二次函数 $y = a(x - 1)^2$ 的图象只有一个交点,且该交点在直线 $y = x$ 的下方,结合函数图象,求 a 的取值范围.

【考点涉及】(1)知识点:反比例函数图象上点的坐标特征、求代数式的值、求直线与反比例函数图象的交点坐标、二次函数的性质等;(2)数学思想:整体思想、数形结合思想、分类讨论思想等.

【错解呈现】(1)$\because$ 反比例函数 $y = \dfrac{k}{x}$ 的图象经过点 $A(1, 4)$, $B(m, n)$,

$\therefore k = mn = 1 \times 4 = 4$, 即代数式 mn 的值为 4.

(2)$\because$ 二次函数 $y = (x - 1)^2$ 的图象经过点 $B(m, n)$,

$\therefore n = (m - 1)^2$, 即 $m = 1 + \sqrt{n}$.

$\therefore m^3 n - 2m^2 n + 3mn - 4n$

$= mn(m^2 - 2m) + 3mn - 4n$

$= 4 \times \left[(1 + \sqrt{n})^2 - 2(1 + \sqrt{n}) \right] + 3 \times 4 - 4n$

$= 4 \times (n - 1) + 12 - 4n$

$= 8,$

即代数式 $m^3n - 2m^2n + 3mn - 4n$ 的值为8.

（3）如图，当抛物线 $y = a(x - 1)^2$ 经过点 $D(2,2)$ 时，有 $a(2 - 1)^2 = 2$，解得 $a = 2$.

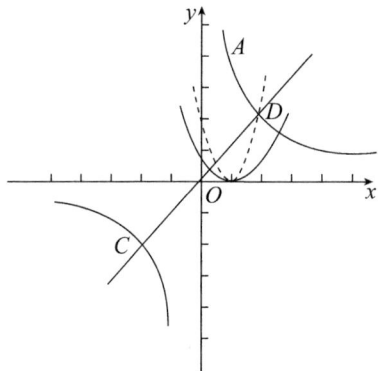

∵ $|a|$ 越大，抛物线 $y = a(x - 1)^2$ 的开口越小，

∴ 结合图象可得，满足条件的 a 的取值范围是 $0 < a < 2$.

【寻错索因】上述解答的第二问将参数 m 用含有 n 的代数式表示，在此误认为 n 为非负数，因此化简过程是不严谨的. 上述解答的第三问又一次错误地认为二次项系数为正值，只考虑了开口向上的情况，从而遗漏了开口向下的情况. 四基性失误：认知结构和能力结构存在缺陷，数学思想方法领悟不透，不会合理利用数形结合思想来解题，不能适时地采用分类讨论思想. 心理性失误：审题肤浅，思维定式，观察不仔细，认识不全面.

【正解参考】（1）∵ 反比例函数 $y = \dfrac{k}{x}$ 的图象经过点 $A(1,4)$，$B(m,n)$，

∴ $k = mn = 1 \times 4 = 4$，

即代数式 mn 的值为4.

（2）∵ 二次函数 $y = (x - 1)^2$ 的图象经过点 $B(m,n)$，

∴ $n = (m - 1)^2 = m^2 - 2m + 1$，

∴ $m^3n - 2m^2n + 3mn - 4n$

$= m^3n - 2m^2n + mn + 2mn - 4n$

$$= mn(m^2 - 2m + 1) + 2mn - 4n$$

$$= 4n + 2 \times 4 - 4n$$

$$= 8,$$

即代数式 $m^3n - 2m^2n + 3mn - 4n$ 的值为8.

(3)设直线 $y = x$ 与反比例函数 $y = \dfrac{4}{x}$ 的交点分别为 C,D,

解 $\begin{cases} y = x, \\ y = \dfrac{4}{x}, \end{cases}$ 得 $\begin{cases} x_1 = -2, \\ y_1 = -2 \end{cases}$ 或 $\begin{cases} x_2 = 2, \\ y_2 = 2. \end{cases}$

$\therefore$ 点 $C(-2,-2)$,点 $D(2,2)$.

①若 $a > 0$,如图1.

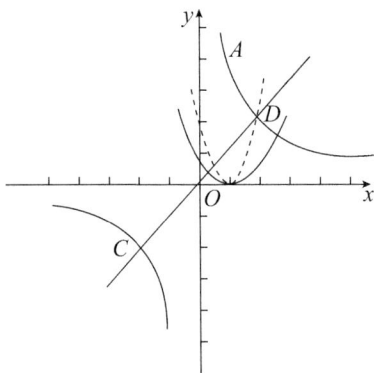

图1

当抛物线 $y = a(x - 1)^2$ 经过点 $D(2,2)$ 时,

有 $a(2 - 1)^2 = 2$,

解得 $a = 2$.

$\because |a|$ 越大,抛物线 $y = a(x - 1)^2$ 的开口越小,

$\therefore$ 结合图象可得,满足条件的 a 的范围是 $0 < a < 2$.

②若 $a < 0$,如图2.

当抛物线 $y = a(x - 1)^2$ 经过点 $C(-2,-2)$ 时,

有 $a(-2 - 1)^2 = -2$,

解得 $a = -\dfrac{2}{9}$.

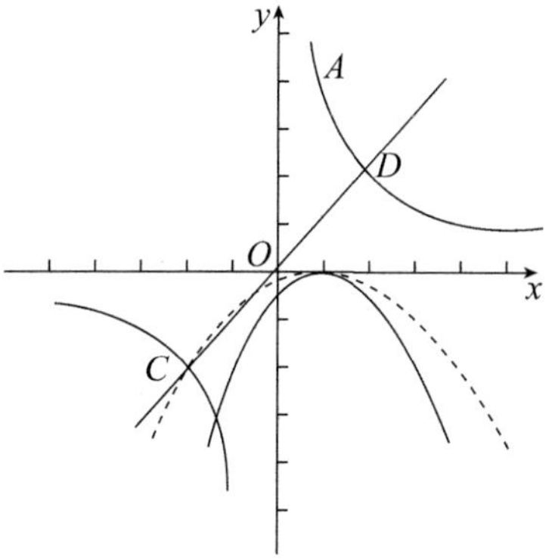

图2

$\because |a|$ 越大, 抛物线 $y = a(x - 1)^2$ 的开口越小,

$\therefore$ 结合图象可得, 满足条件的 a 的范围是 $a < -\dfrac{2}{9}$.

综上所述, 满足条件的 a 的取值范围是 $0 < a < 2$ 或 $a < -\dfrac{2}{9}$.

【反思明理】本题主要考查了反比例函数图象上点的坐标特征、求代数式的值、求直线与反比例函数图象的交点坐标、二次函数的性质等知识,另外还重点对整体思想、数形结合思想、分类讨论思想进行了考查,运用整体思想是解决第(2)小题的关键,考虑临界位置并运用数形结合及分类讨论的思想是解决第(3)小题的关键.其中根据二次函数的二次项系数 a 的大小,决定抛物线的开口大小的性质容易被忽视且易出错.即 $|a|$ 越大,抛物线 $y = ax^2 + bx + c$ 的开口越小.

易错点六　建立反比例函数模型解决实际问题有困难

案例15 一次函数 $y = ax + b(a > 0)$、二次函数 $y = ax^2 + bx$ 和反比例函数 $y = \dfrac{k}{x}(k \neq 0)$ 在同一直角坐标系中的图象如图所示, A 点的坐标为 $(-2, 0)$,则下列结论中,正确的是(　　　)

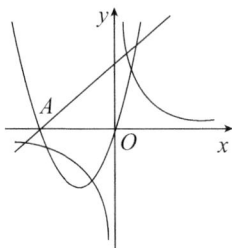

A.$a > b > 0$　　　　B.$a > k > 0$　　　　C.$b = 2a + k$　　　　D.$a = b + k$

【考点涉及】一次函数的图象,反比例函数的图象,二次函数的图象.

【错解呈现】∵已知$a > 0$,且抛物线的对称轴位于x轴的左侧,

∴$b > 0$,

∴猜测$a > b > 0$,故选A.

【寻错索因】四基性失误:混淆概念性质,对函数图象的性质理解和掌握不足,导致推理失误.心理性失误:观察不仔细,认识不全面.逻辑性失误:思维不严谨,推理不严密.

【正解参考】(1)∵有图可知,一次函数与二次函数的交点A的坐标为$(-2,0)$,

∴$-2a + b = 0$,

∴$b = 2a$.

∵由图可知,抛物线开口向上,则$a > 0$,

∴$b > 0$.

∵反比例函数图象经过第一、三象限,

∴$k > 0$.

∵$a > 0, b = 2a$,

∴$b > a > 0$.故A选项错误.

(2)观察二次函数$y = ax^2 + bx$和反比例函数$y = \dfrac{k}{x}(k \neq 0)$图象知,

当$x = -\dfrac{b}{2a} = -\dfrac{2a}{2a} = -1$时,$y = -k > \dfrac{-b^2}{4a} = \dfrac{-4a^2}{4a} = -a$,即$k < a$.

∵$a > 0, k > 0$,

$\therefore a > k > 0.$

故 B 选项正确.

(3)由图可知,∵双曲线位于第一、三象限,

$\therefore k > 0,$

$\therefore 2a + k > 2a,$即 $b < 2a + k.$

故 C 选项错误.

(4)∵$k > 0, b = 2a,$

$\therefore b + k > b,$

即 $b + k > 2a,$

$\therefore a = b + k$ 不成立.故 D 选项错误.

故选 B.

【反思明理】本题是一道综合性试题,重点考查了二次函数、一次函数和反比例函数图象的性质.在实际问题中,初中阶段这几种主要的函数图象相结合的试题经常出现.

本题中判断出系数 $b = 2a$ 是解题的关键,要结合二次函数的有关性质——开口方向、对称轴、与 y 轴的交点坐标等,确定 a, b, c 的情况,从而勾画出符合要求的一次函数和反比例函数图象.在平时的练习中,要加强对学生的图象观察和性质结合的训练,对初中阶段需要重点掌握的每一种函数图象的性质,都要熟练记忆.

案例 16　设 $P(x, 0)$ 是 x 轴上的一个动点,它与原点的距离为 y_1.

(1)求 y_1 关于 x 的函数解析式,并画出这个函数的图象.

(2)若反比例函数 $y_2 = \dfrac{k}{x}$ 的图象与函数 y_1 的图象交于点 A,且点 A 的纵坐标为 2.

①求 k 的值;

②结合图象,当 $y_1 > y_2$ 时,写出 x 的取值范围.

【考点涉及】反比例函数中系数 k 的几何意义,反比例函数与一次函数的交点问题,根据实际问题列一次函数表达式.

【错解呈现】(1)∵点 $P(x, 0)$ 与原点的距离为 y_1,

∴ y_1 关于 x 的函数解析式为 $y = x$.

函数图象如图所示:

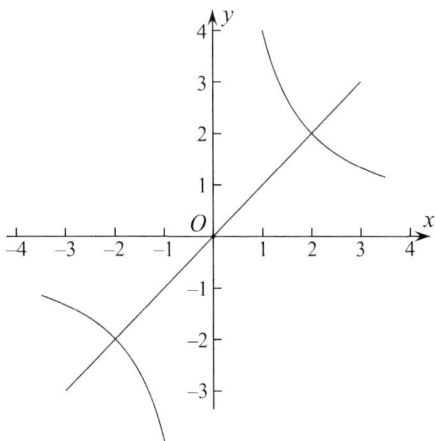

(2)①∵点 A 的纵坐标为 2,且点 A 在函数 y_1 的图象上,

∴ $y = x = 2$,

∴点 A 的坐标为 $(2, 2)$,即 $k = 4$.

②当 $k = 4$ 时,由图可得,当 $y_1 > y_2$ 时, $-2 < x < 0$ 或 $x > 2$.

【寻错索因】因为未考虑点 P 在 x 轴负半轴的存在性,导致解题错误.四基性失误:认知结构和能力结构存在缺陷,数学思想方法领悟不透,不会合理利用数形结合思想来解题,不能适时地采用分类讨论思想.心理性失误:审题肤浅,思维定式,观察不仔细,认识不全面.

【正解参考】(1)∵点 $P(x, 0)$ 与原点的距离为 y_1,

∴当 $x \geq 0$ 时, $y_1 = OP = x$.

当 $x < 0$ 时, $y_1 = OP = -x$.

∴ y_1 关于 x 的函数解析式为 $y = \begin{cases} x & (x \geq 0), \\ -x & (x < 0), \end{cases}$ 即 $y = |x|$.

函数图象如图所示:

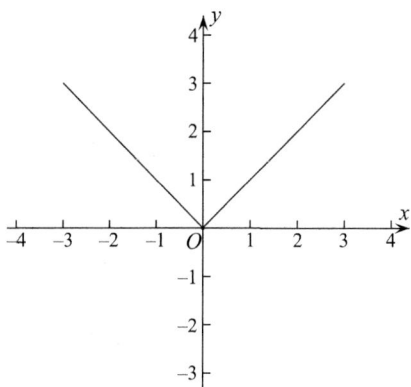

(2)① ∵点 A 的纵坐标为 2,且点 A 在函数 y_1 的图象上,

∴ $|x| = 2$,即 $x = \pm 2$,

∴点 A 的坐标为 $(2,2)$ 或 $(-2,2)$,

∴ $k = \pm 4$.

②当 $k = 4$ 时,如左图可得, $y_1 > y_2$ 时, $x < 0$ 或 $x > 2$;

当 $k = -4$ 时,如右图可得, $y_1 > y_2$ 时, $x < -2$ 或 $x > 0$.

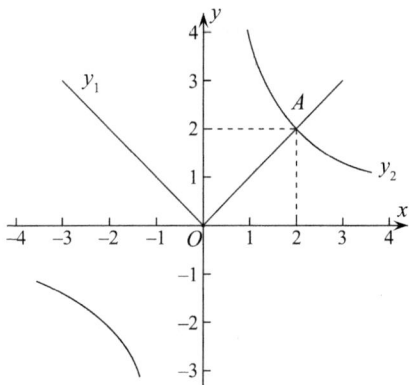

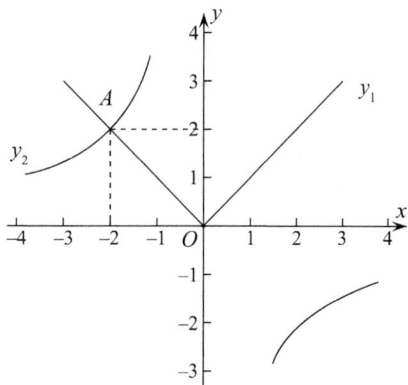

【反思明理】根据点 P 的位置以及题意,对 x 的取值范围分情况讨论是解决本题的突破口.分段函数是本题的一个易错点,平时应加强训练.

第4课 二次函数

★ **知识点——应知应懂** ★

1. 二次函数的含义

(1)了解二次函数的定义,会利用定义判断函数是否是二次函数.

(2)掌握二次函数的三种解析式(一般式、顶点式、交点式).

2. 二次函数的图象及性质

(1)会用描点法画出二次函数的图象.

(2)会用配方法确定二次函数的顶点坐标.

(3)理解二次函数的性质,会根据二次函数的解析式判断二次函数的开口方向、对称轴及函数的增减性.

(4)理解二次函数的平移与解析式之间的变化关系.

3. 二次函数与实际问题

会用二次函数解决实际问题.

4. 二次函数与一元二次方程

(1)理解二次函数与一元二次方程之间的关系:二次函数图象与 x 轴交点的横坐标对应一元二次方程的解.

(2)理解用二次函数的图象求一元二次方程近似解的方法.

(3)会用根的判别式判断二次函数图象与 x 轴之间的交点情况.

★ **易错点——辨误明理** ★

(1)忽略二次项系数不为0的条件.

(2)二次函数的图象与系数 a,b,c 符号的确定.

(3)二次函数的最值问题.

(4)忽略根的判别式.

(5)忽略自变量的取值范围.

(6)不理解抛物线平移规律.

(7)选择二次函数解析式不当致错.

(8)忽略二次函数增减性是以对称轴为分界线.

(9)忽视分类讨论思想.

★ 析案例——避误纠错 ★

易错点一 忽略二次项系数不为0的条件

案例1 在函数 $y = (m^2 + m)x^{m^2 - 2m - 1} + (m - 3)x + m^2$ 中,当 $m =$ _____ 时, y 是 x 的二次函数.

【考点涉及】二次函数的概念.

【错解呈现】若函数 $y = (m^2 + m)x^{m^2 - 2m - 1} + (m - 3)x + m^2$ 是二次函数,
则令 $m^2 - 2m - 1 = 2$,解得 $m = -1$ 或 $m = 3$.

所以当 $m = -1$ 或 $m = 3$ 时, y 是 x 的二次函数.

【寻错索因】二次函数需满足的条件:(1)自变量 x 的最高次是2;(2)最高次也就是二次项的系数不为0.在涉及二次函数概念的问题中,这两个条件要同时考虑,缺一不可.四基性失误:对二次函数的概念理解不准确,导致推理失误.

【正解参考】由 $m^2 - 2m - 1 = 2$,解得 $m = -1$ 或 $m = 3$.

又 $m^2 + m \neq 0$,即 $m \neq 0$,且 $m \neq -1$,所以 $m = 3$,

故当 $m = 3$ 时, $y = 12x^2 + 9$,此时 y 是 x 的二次函数.

【反思明理】求解此类题目一定要特别注意不能忽略"二次项系数不等

于0"这个隐含条件.

案例2 已知二次函数 $y = x^2 - x + \frac{1}{4}m - 1$ 的图象与 x 轴有交点,则 m 的取值范围是(   )

A. $m \leq 5$ B. $m \geq 2$ C. $m < 5$ D. $m > 2$

【考点涉及】二次函数图象与 x 轴交点个数的判断.

【错解呈现】由题意知, $\Delta = 1 - 4\left(\frac{1}{4}m - 1\right) = 5 - m > 0$,即 $m < 5$,故选C.

【寻错索因】判断二次函数图象与 x 轴的交点个数可以用根的判别式来判断.四基性失误:对二次函数概念理解不准确,导致推理失误.

【正解参考】由题意知, $\Delta = 1 - 4\left(\frac{1}{4}m - 1\right) = 5 - m \geq 0$,即 $m \leq 5$,故选A.

【反思明理】抛物线与 x 轴的交点个数与根的判别式之间存在这样的关系: $\Delta > 0$ 时,抛物线与 x 轴有两个交点; $\Delta = 0$ 时,抛物线与 x 轴只有一个交点; $\Delta < 0$ 时,抛物线与 x 轴没有交点.对于给定的二次函数,一定要注意"二次项系数不为0"的条件限制,更要看清题中条件,函数图象与 x 轴是否有交点和有几个交点.

案例3 已知抛物线 $y = x^2 - (4m + 1)x + 2m - 1$ 与 x 轴交于两点,如果有一个交点的横坐标大于2,另一个交点的横坐标小于2,并且抛物线与 y 轴的交点在点 $\left(0, -\frac{1}{2}\right)$ 的下方,那么 m 的取值范围是(   )

A. $\frac{1}{6} < m < \frac{1}{4}$ B. $m > \frac{1}{6}$ C. $m < \frac{1}{4}$ D. 全体实数

【考点涉及】二次函数图象与坐标轴交点的判断.

【错解呈现】由题意可知,抛物线与 x 轴有两个交点,则 $\Delta \geq 0$.

且抛物线与 y 轴的交点在点 $\left(0, -\frac{1}{2}\right)$ 的下方,则 $2m - 1 < -\frac{1}{2}$,

即 $\begin{cases} \Delta = [-(4m+1)]^2 - 4(2m-1) \geqslant 0, \\ 2m - 1 < -\dfrac{1}{2}, \end{cases}$ 解得 $m < \dfrac{1}{4}$,故选C.

【寻错索因】抛物线与 x 轴的交点的范围决定了其对称轴的位置,而上述错解并未考虑到两个交点的条件,遗漏了条件导致出错.四基性失误:对二次函数概念理解不准确,导致推理失误.心理性失误:审题肤浅,看错或看漏了条件.

【正解参考】∵抛物线 $y = x^2 - (4m+1)x + 2m - 1$ 与 x 轴有一个交点的横坐标大于2,另一个交点的横坐标小于2,且抛物线开口向上,

∴当 $x = 2$ 时,$y < 0$,即 $4 - 2(4m+1) + 2m - 1 < 0$,解得 $m > \dfrac{1}{6}$.

又∵抛物线与 y 轴的交点在点 $\left(0, -\dfrac{1}{2}\right)$ 的下方,

∴当 $x = 0$ 时,$y = 2m - 1 < -\dfrac{1}{2}$,解得 $m < \dfrac{1}{4}$.

综上可得,$\dfrac{1}{6} < m < \dfrac{1}{4}$,故选A.

【反思明理】抛物线与 x 轴的交点个数与根的判别式之间存在这样的关系:$\Delta > 0$ 时,抛物线与 x 轴有两个交点;$\Delta = 0$ 时,抛物线与 x 轴只有一个交点;$\Delta < 0$ 时,抛物线与 x 轴没有交点.抛物线与 y 轴的交点的纵坐标即为原解析式中的常数项.

易错点二 **二次函数的图象与系数 a,b,c 符号的确定**

案例4 二次函数 $y = ax^2 + bx + c(a \neq 0)$ 的部分图象如图,图象过点 $(-1, 0)$,对称轴为直线 $x = 2$,下列结论:①$4a + b = 0$;②$9a + c > 3b$;③$8a + 7b + 2c > 0$;④当 $x > -1$ 时,y 的值随 x 值的增大而增大.其中正确的结论有（ ）

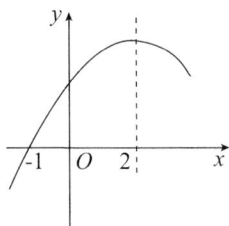

A. 1个　　　　　B. 2个　　　　　C. 3个　　　　　D. 4个

【考点涉及】二次函数的图象与系数的关系.

【错解呈现】选A或C或D.

【寻错索因】此题主要考查函数图象与解析式系数之间的关系,题中涉及多方面知识,是对二次函数性质的综合性考查,是二次函数中难度相对较大的题型.四基性失误:基本知识掌握不够扎实,对结论成立的条件认识不够清楚.

【正解参考】①已知抛物线的对称轴为直线$x = 2$,

即$-\dfrac{b}{2a} = 2$,得$4a + b = 0$,所以①正确;

②由图象可知,当$x = -3$时,$y < 0$,

所以$9a - 3b + c < 0$,即$9a + c < 3b$,所以②错误;

③因为二次函数图象过点$(-1, 0)$,把点$(-1, 0)$代入解析式,得$a - b + c = 0$.

由①知$4a + b = 0$,所以$a + 4a + c = 0$,即$c = -5a$,

所以$8a + 7b + 2c = 8a - 28a - 10a = -30a$.

又抛物线开口向下,所以$a < 0$,则$8a + 7b + 2c > 0$,所以③正确;

④已知对称轴为直线$x = 2$,所以当$-1 < x < 2$时,y随x的增大而增大;

当$x > 2$时,y随x的增大而减小,所以④错误.

综合以上分析可知,正确的结论有①③,故选B.

【反思明理】二次函数$y = ax^2 + bx + c(a \neq 0)$的系数$a,b,c$对函数图象的开口方向、开口大小、对称轴位置、与坐标轴交点的位置起着决定性作用.很多同学由于对二次函数的图象特点与系数的关系不是很熟悉,常常出现一些错误,学习过程中要加强对二次函数图象和性质的学习.

案例 5 已知二次函数的图象与 x 轴交于点 $(-2,0)$,$(x_1,0)$,且 $1 < x_1 < 2$,与 y 轴正半轴的交点在 $(0,2)$ 的下方,下列结论:① $4a - 2b + c = 0$;② $a < b < 0$;③ $2a + c > 0$;④ $2a - b + 1 > 0$.其中正确的结论是_____.(填写序号)

【考点涉及】二次函数的图象与系数的关系.

【错解呈现】① 已知图象经过点 $(-2,0)$,即当 $x = -2$ 时,$y = 0$.

则 $4a - 2b + c = 0$,故①正确.

无法根据已知条件推导出剩余相关结论.

【寻错索因】二次函数的图象信息题包含的知识点多且细,上述解答只运用了简单的特殊点法,对于对称轴方程、不等式的化简、整体代入法等知识点,不能很好地融会贯通.四基性失误:认知结构存在缺陷,对二次函数概念理解不准确,导致推理失误.心理性失误:审题肤浅,思维定式.

【正解参考】① 已知图象经过点 $(-2,0)$,即当 $x = -2$ 时,$y = 0$.

则 $4a - 2b + c = 0$,故①正确;

② ∵图象与 y 轴正半轴的交点在 $(0,2)$ 的下方,

∴ $a < 0, c > 0$.

又∵图象与 x 轴交于点 $(-2,0)$,$(x_1,0)$,且 $1 < x_1 < 2$,

∴ 对称轴 $x = -\dfrac{b}{2a}$ 在 y 轴左侧,则 $-\dfrac{b}{2a} < 0$,即 $b < 0$.

且 $-\dfrac{-2+1}{2} < x = -\dfrac{b}{2a} < -\dfrac{-2+2}{2}$,即 $-\dfrac{1}{2} < -\dfrac{b}{2a} < 0$,

∴ $a < b < 0$,故②正确;

③由一元二次方程根与系数的关系知,$x_1 \cdot x_2 = \dfrac{c}{a} < -2$.

结合 $a < 0$,得 $2a + c > 0$,故③正确;

④由 $4a - 2b + c = 0$,即 $2a - b = -\dfrac{c}{2}$.

且 $0 < c < 2$,即 $-1 < -\dfrac{c}{2} < 0$.

$\therefore -1 < 2a - b < 0.\ \therefore 2a - b + 1 > 0.$ 故④正确.

综上所述,本题正确结论的序号为①②③④.

【反思明理】此题主要考查函数图象与解析式系数之间的关系,题中涉及多方面知识,是对二次函数性质的综合性考查.题中多次涉及对称轴方程、不等式的化简、特殊点的取值、整体代入法等知识点,是二次函数图象中难度相对较大的题型.

案例6 若二次函数 $y = ax^2 + bx + c(a \neq 0)$ 图象的顶点在第一象限,且过点 $(0, 1)$ 和 $(-1, 0)$.则 $S = a + b + c$ 的值的变化范围是_____.

【考点涉及】二次函数图象与系数的关系.

【错解呈现】∵抛物线 $y = ax^2 + bx + c(a \neq 0)$ 过点 $(0, 1)$ 和点 $(-1, 0)$,

$\therefore a - b + c = 0$,且 $c = 1$.

$\therefore b = a + c = a + 1.$

$\therefore S = a + b + c = a + a + 1 + 1 = 2a + 2.$

∵ 顶点在第一象限,

$\therefore x = \dfrac{b}{2a} > 0.$

∵ 由题意可知,抛物线开口向上,即 $a < 0$,

$\therefore b < 0$,即 $a + 1 < 0.$

$\therefore a < -1.$

$\therefore 2a + 2 < 0,$

$\therefore S < 0.$

【寻错索因】本题主要考查二次函数图象与系数的关系,出现错误在于对二次函数图象的对称轴理解不准确.二次函数 $y = ax^2 + bx + c(a \neq 0)$ 图象的对称轴是直线 $x = -\dfrac{b}{2a}$;二次函数 $y = a(x - h)^2 + k$ 图象的对称轴是直线 $x = h$.四基性失误:基本知识掌握不扎实.

【正解参考】∵抛物线 $y = ax^2 + bx + c(a \neq 0)$ 过点 $(0, 1)$ 和点 $(-1, 0)$,

$\therefore a - b + c = 0$,且 $c = 1.$

∴ $b = a + c = a + 1$.

∴ $S = a + b + c = a + a + 1 + 1 = 2a + 2$.

∵ 顶点在第一象限,

∴ $x = -\dfrac{b}{2a} > 0$.

∵ 由题意可知,抛物线开口向下,即 $a < 0$,

∴ $b > 0$,即 $a + 1 > 0$,

∴ $a > -1$.

∴ $-1 < a < 0$.

∴ $0 < 2a + 2 < 2$.

∴ $0 < S < 2$.

【反思明理】二次函数图象与系数的关系是重点考查内容,对二者之间的关系要熟练掌握,要注意可能发生错误的地方.例如,抛物线的对称轴的表达式、顶点的坐标等.

易错点三　二次函数的最值问题

案例7　已知二次函数 $y = ax^2 + 2ax + 3a^2 + 3$(其中 x 是自变量),当 $x \geqslant 2$ 时,y 随 x 的增大而增大,且当 $-2 \leqslant x \leqslant 1$ 时,y 的最大值为9,则 a 的值为（　　）

A.1或-2　　　　　B.$-\sqrt{2}$ 或 $\sqrt{2}$　　　　　C.$\sqrt{2}$　　　　　D.1

【考点涉及】二次函数的最值,二次函数的性质.

【错解呈现】对于二次函数 $y = ax^2 + 2ax + 3a^2 + 3$(其中 x 是自变量),

∵ 当 $x \geqslant 2$ 时,y 随 x 的增大而增大,

∴ 当 $x < 2$ 时,y 随 x 的增大而减小.

则当 $-2 \leqslant x \leqslant 1$ 时,在 $x = -2$ 时,函数有最大值为9.

即 $y = 4a - 4a + 3a^2 + 3 = 9$,

解得 $a_1 = -\sqrt{2}$,$a_2 = \sqrt{2}$,故选B.

【寻错索因】函数在 $x \geqslant 2$ 时,y 随 x 的增大而增大,并不意味着直线 $x = 2$

就是该抛物线的对称轴,只能根据这个条件并结合函数图象的开口方向,确定对称轴直线的范围.四基性失误:基本知识掌握不扎实,认知结构不健全.逻辑性失误:思维不严谨,以偏概全.

【正解参考】∵二次函数 $y = ax^2 + 2ax + 3a^2 + 3$(其中 x 是自变量),

∴ 对称轴是直线 $x = -\dfrac{2a}{2a} = -1$.

∵ 当 $x \geqslant 2$ 时,y 随 x 的增大而增大,

∴ $a > 0$,

∵ 当 $-2 \leqslant x \leqslant 1$ 时,y 的最大值为9,

∴ $x = 1$ 时,$y = a + 2a + 3a^2 + 3 = 9$,

∴ $3a^2 + 3a - 6 = 0$,

∴ $a = 1$,或 $a = -2$(不合题意,舍去).

故选D.

【反思明理】二次函数 $y = ax^2 + bx + c(a \neq 0)$ 在实数范围内的最值是 $\dfrac{4ac - b^2}{4a}$,但当自变量有限制条件时,二次函数的最值会发生变化,不一定是在实数范围内的最高(低)点的纵坐标值.

案例8 如图1,已知二次函数 $y = ax^2 + \dfrac{3}{2}x + c(a \neq 0)$ 的图象与 y 轴交于点 $A(0,4)$,与 x 轴交于点 B,C,点 C 坐标为 $(8,0)$,连接 AB,AC.

(1)请直接写出二次函数 $y = ax^2 + \dfrac{3}{2}x + c(a \neq 0)$ 的表达式;

(2)判断 $\triangle ABC$ 的形状,并说明理由;

(3)若点 N 在 x 轴上运动,当以点 A,N,C 为顶点的三角形是等腰三角形时,请写出此时点 N 的坐标;

(4)如图2,若点 N 在线段 BC 上运动(不与点 B,C 重合),过点 N 作 $NM \parallel AC$,交 AB 于点 M,当 $\triangle AMN$ 面积最大时,求此时点 N 的坐标.

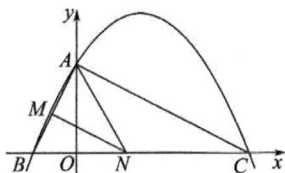
图1

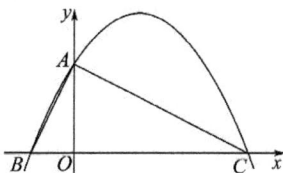
图2

【考点涉及】二次函数的解析式,勾股定理,函数的最值.

【错解呈现】(1)∵二次函数 $y = ax^2 + \frac{3}{2}x + c(a \neq 0)$ 的图象与 y 轴交于点 $A(0,4)$,与 x 轴交于点 B,C,点 C 坐标为 $(8,0)$,

∴ $\begin{cases} c = 4, \\ 64a + 12 + c = 0, \end{cases}$ 解得 $\begin{cases} a = -\frac{1}{4}, \\ c = 4. \end{cases}$

∴抛物线的表达式为 $y = -\frac{1}{4}x^2 + \frac{3}{2}x + 4$.

(2)△ABC 是直角三角形.理由如下:

令 $y = 0$,则 $-\frac{1}{4}x^2 + \frac{3}{2}x + 4 = 0$,

解得 $x_1 = 8, x_2 = -2$,

∴点 B 的坐标为 $(-2,0)$.

在 Rt△ABO 中,$AB^2 = BO^2 + AO^2 = 2^2 + 4^2 = 20$,

在 Rt△AOC 中,$AC^2 = AO^2 + CO^2 = 4^2 + 8^2 = 80$.

又∵ $BC = OB + OC = 2 + 8 = 10$,

∴在 △ABC 中,$AB^2 + AC^2 = 20 + 80 = 10^2 = BC$,

∴由勾股定理的逆定理可知,△ABC 是直角三角形.

(3)∵ $A(0,4), C(8,0)$.

∴在 x 轴存在点 N,使得 $AN = AC$,此时点 N 的坐标为 $(-8,0)$.

(4)点 N 在线段 BC 上运动,当靠近点 B 时,△AMN 的底边增大,高度减小;反之,当靠近点 C 时,△AMN 的底边减小,高度增大.

故当点 N 运动至 BC 的中点时,△AMN 的面积最大,此时点 N 的坐标为 $N(3,0)$.

【寻错索因】在构造等腰三角形时,未能根据底边和腰进行分情况讨论,导致漏解;第四问在解决面积的最值时,不能有效地利用图形之间的变量关系,来构造关于面积的函数解析式,而一味地去找特殊点.四基性失误:能力结构存在缺陷,导致推理出错.策略性失误:解题角度不当,方法不准确.心理性失误:审题肤浅,看错或看漏了条件.

【正解参考】(1)同上.(2)同上.

(3) $\because A(0,4), C(8,0), \therefore AC = \sqrt{4^2 + 8^2} = 4\sqrt{5}$.

①以点 A 为圆心、AC 长为半径作圆,交 x 轴于点 N,此时点 N 的坐标为 $(-8,0)$;

②以点 C 为圆心,以 AC 长为半径作圆,交 x 轴于点 N,此时点 N 的坐标为 $(8 - 4\sqrt{5}, 0)$ 或 $(8 + 4\sqrt{5}, 0)$;

③作 AC 的垂直平分线,交 x 轴于点 N,此时点 N 的坐标为 $(3,0)$.

综上所述,若点 N 在 x 轴上运动,当以点 A, N, C 为顶点的三角形是等腰三角形时,点 N 的坐标分别为 $(-8,0), (8 - 4\sqrt{5}, 0), (8 + 4\sqrt{5}, 0), (3,0)$.

(4)设点 N 的坐标为 $(n, 0)$,则 $BN = n + 2$.

如图,过点 M 作 $MD \perp x$ 轴于点 D.

$\therefore MD \parallel OA$,

$\therefore \triangle BMD \sim \triangle BAO$.

$\therefore \dfrac{BM}{BA} = \dfrac{MD}{OA}$.

$\because MN \parallel AC$,

$\therefore \triangle BMN \sim \triangle BAC$.

$\therefore \dfrac{BM}{BA} = \dfrac{BN}{BC}$.

$\therefore \dfrac{MD}{OA} = \dfrac{BN}{BC}$.

$\because OA = 4, BC = 10, BN = n + 2$,

$\therefore MD = \dfrac{2}{5}(n + 2)$.

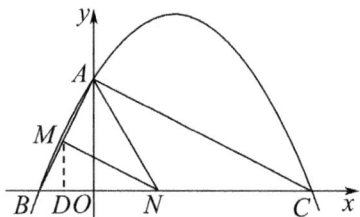

$$S_{\triangle AMN} = S_{\triangle ABN} - S_{\triangle BMN} = \frac{1}{2} BN \cdot OA - \frac{1}{2} BN \cdot MD$$

$$= \frac{1}{2}(n+2) \times 4 - \frac{1}{2} \times \frac{2}{5} \times (n+2)^2$$

$$= -\frac{1}{5}(n-3)^2 + 5.$$

当 $n = 3$ 时，$S_{\triangle AMN}$ 的最大值为 5，

∴ 当 $\triangle AMN$ 面积最大时，点 N 的坐标为 $(3, 0)$.

【反思明理】对于二次函数综合应用题，需要考虑到方方面面的条件限制. 很多情况下，由于条件的不唯一或者所给条件的不确定，需要根据实际问题进行分情况讨论. 本题中"以点 A, N, C 为顶点的三角形是等腰三角形"就是不确定的条件，因此要进行分类讨论. 关于面积的最值问题，通常需要构造关于面积的函数关系，并利用求函数的最值来解决求面积的最值问题.

案例 9　一次函数 $y = kx + 4$ 与二次函数 $y = ax^2 + c$ 的图象的一个交点坐标为 $(1, 2)$，另一个交点是该二次函数图象的顶点.

（1）求 k, a, c 的值；

（2）过点 $A(0, m)(0 < m < 4)$ 且垂直于 y 轴的直线与二次函数 $y = ax^2 + c$ 的图象相交于 B, C 两点，点 O 为坐标原点，记 $W = OA^2 + BC^2$，求 W 关于 m 的函数解析式，并求 W 的最小值.

【考点涉及】待定系数法，函数的最值问题.

【错解呈现】（1）由题意可知，$\begin{cases} k + 4 = 2, \\ a + c = 2, \\ k \cdot \left(-\dfrac{0}{2a}\right) + 4 = \dfrac{4ac - b^2}{4a}, \end{cases}$ 解得 $\begin{cases} k = -2, \\ a = -2, \\ c = 4. \end{cases}$

（2）条件不足，无法解答.

【寻错索因】未能根据已知条件构造出线段 OA 和 BC 的代数式，不能得到关于 W 的函数关系式. 四基性失误：能力结构存在缺陷，导致推理出错. 策略性失误：解题角度不当，方法不准确. 心理性失误：审题肤浅，看错或看漏了条件.

【正解参考】(1) 因为点$(1,2)$在一次函数$y = kx + 4$的图象上,

所以$2 = k + 4$,即$k = -2$.

因为二次函数$y = ax^2 + c$图象的顶点为$(0,c)$,正好是这两个函数图象的另一个交点.所以点$(0,c)$在一次函数$y = kx + 4$的图象上,即$c = 4$.

又点$(1,2)$也在二次函数$y = ax^2 + c$的图象上,所以$2 = a + c$,从而$a = -2$.

(2)方法一:因为点A的坐标为$A(0,m)(0 < m < 4)$,

过点A且垂直于y轴的直线与二次函数$y = -2x^2 + 4$的图象交于点B,C,

所以可设点B的坐标为(x_0, m),由对称性得点C的坐标为$(-x_0, m)$,

故$BC = 2|x_0|$.

又点B在二次函数$y = -2x^2 + 4$的图象上,

所以$-2x_0^2 + 4 = m$,即$x_0^2 = 2 - \dfrac{m}{2}$,

从而$BC^2 = 4x_0^2 = 8 - 2m$,且$OA = m$.

从而$W = OA^2 + BC^2 = m^2 - 2m + 8 = (m - 1)^2 + 7(0 < m < 4)$.

所以当$m = 1$时,W有最小值7.

方法二:由(1)得二次函数的解析式为$y = -2x^2 + 4$.

因为点A的坐标为$A(0,m)(0 < m < 4)$,

过点A且垂直于y轴的直线与二次函数$y = -2x^2 + 4$的图象交于点B,C,

令$-2x^2 + 4 = m$,解得$x_1 = \sqrt{2 - \dfrac{m}{2}}$,$x_2 = -\sqrt{2 - \dfrac{m}{2}}$.

所以$BC = 2\sqrt{2 - \dfrac{m}{2}}$,且$OA = m$,

从而 $W = OA^2 + BC^2 = m^2 + \left(2\sqrt{2 - \dfrac{m}{2}}\right)^2 = m^2 - 2m + 8 = (m - 1)^2 + 7(0 < m < 4)$,

所以当$m = 1$时,W有最小值7.

【反思明理】二次函数的最值问题主要考查形式有:(1)线段的最值;(2)

周长的最值;(3)面积的最值;(4)复合型代数式的最值.不管考查哪种形式,都需要根据已知条件,找出相应的数量关系,构造出所求对象的函数关系式,最后回归到求解二次函数在相应区间内对应的函数值的范围.

易错点四 忽略根的判别式

案例 10 已知抛物线 $y = x^2 - 2mx + m + 6$ 与 x 轴的交点为 $(a, 0)$,$(b, 0)$,求 $(a-1)^2 + (b-1)^2$ 的最小值.

【考点涉及】二次函数的性质,根的判别式.

【错解呈现】根据题意,得 $a + b = 2m$,$ab = m + 6$,

$$(a-1)^2 + (b-1)^2 = \left[(a+b)^2 - 2ab\right] - 2(a+b) + 2 = 4m^2 - 6m - 10$$

$$= 4\left(m - \frac{3}{4}\right)^2 - \frac{49}{4},$$

所以当 $m = \dfrac{3}{4}$ 时,$(a-1)^2 + (b-1)^2$ 取得最小值 $-\dfrac{49}{4}$.

【寻错索因】二次函数的最值问题与抛物线的解析式紧密联系,其中根的判别式是一项非常重要的依据.上述错解显然忽视了一个条件:抛物线与 x 轴有交点,此时根的判别式 $\Delta \geqslant 0$.忽视了这个条件就扩大了 m 的取值范围,求出的最小值就是错误的.四基性失误:认识问题能力欠缺.心理性失误:思考问题不够缜密,忽略题中隐含的限定条件.

【正解参考】据题意,判别式 $\Delta = (-2m)^2 - 4(m+6) \geqslant 0$,

解得 $m \leqslant -2$ 或 $m \geqslant 3$.

由上述解答,得 $(a-1)^2 + (b-1)^2 = 4\left(m - \dfrac{3}{4}\right)^2 - \dfrac{49}{4}$,

要使 $4\left(m - \dfrac{3}{4}\right)^2 - \dfrac{49}{4}$ 取得最小值,则 $\left| m - \dfrac{3}{4}\right|$ 必须最小,

所以当 $m = 3$ 时,$\left| m - \dfrac{3}{4}\right|$ 的值最小,

此时 $(a-1)^2 + (b-1)^2$ 的最小值为 8.

【反思明理】在一些含字母参数的二次函数问题中,常常碰到求最值、求

取值范围等情况,一般求解这些问题时都会涉及字母参数的取值范围问题.而很多情况下,同学们对字母的取值范围判断不全,出现扩大范围的现象,造成错解.在求二次函数中的最值或取值范围时,要时刻考虑根的判别式,如果忽视根的判别式在解题中的作用,就不能排除不符合题意的取值或解,扩大了解的范围,从而导致错解.

案例 11 已知关于 x 的二次函数 $y = ax^2 + (a^2 - 1)x - a$ 的图象与 x 轴的一个交点的坐标为 $(m, 0)$. 若 $2 < m < 3$, 则 a 的取值范围是_____.

【考点涉及】抛物线与 x 轴的交点的范围.

【错解呈现】$\because y = ax^2 + (a^2 - 1)x - a$ 的图象与 x 轴的一个交点的坐标为 $(m, 0)$,

$\therefore am^2 + (a^2 - 1)m - a = 0$.

$\therefore m = \dfrac{(1 - a^2) \pm \sqrt{(a^2 - 1)^2 + 4a^2}}{2a}$.

$\therefore$ 解得 $m_1 = 0$(舍), $m_2 = \dfrac{1 - a^2}{a}$.

$\therefore 2 < \dfrac{1 - a^2}{a} < 3$.

(遇到一元二次不等式组,无法继续求解)

【寻错索因】对于含字母参数的二次函数解析式,未能采用恰当的方法求出其图象与 x 轴的交点坐标,导致无法进行后面的解答.四基性失误:认识问题能力欠缺.心理性失误:思考问题不够缜密,忽略题中隐含的限定条件.

【正解参考】$\because y = ax^2 + (a^2 - 1)x - a = (ax - 1)(x + a)$,

$\therefore$ 当 $y = 0$ 时, $x_1 = \dfrac{1}{a}$, $x_2 = -a$.

$\therefore$ 抛物线与 x 轴的两个交点的坐标为 $\left(\dfrac{1}{a}, 0\right)$ 和 $(-a, 0)$.

$\because$ 抛物线与 x 轴的一个交点的坐标为 $(m, 0)$, 且 $2 < m < 3$,

$\therefore \begin{cases} a > 0, \\ 2 < \dfrac{1}{a} < 3, \end{cases}$ 或 $\begin{cases} a < 0, \\ 2 < -a < 3. \end{cases}$

∴解得$\frac{1}{3} < a < \frac{1}{2}$或$-3 < m < -2$.

【反思明理】熟练掌握二次函数的各种类型的解析式(一般式、顶点式、交点式、对称点式)是解二次函数题的基本功.在一些含字母参数的二次函数问题中,常常碰到求最值、求取值范围等情况,一般求解这些问题时都会涉及字母参数的取值范围问题.

易错点五　忽略自变量的取值范围

案例12　某房地产开发公司计划在一个大型小区附近的一块正方形(如图,正方形$EFCD$)土地上建造一个矩形公园(矩形$GMDN$).为了使文物保护区($\triangle ABF$)不被破坏,矩形公园的顶点G不能在文物保护区内.已知正方形$EFCD$的边长为$400\,\mathrm{m}$,$AF = 200\,\mathrm{m}$,$BF = 100\,\mathrm{m}$,当点G在AB上什么位置时,公园的面积最大?

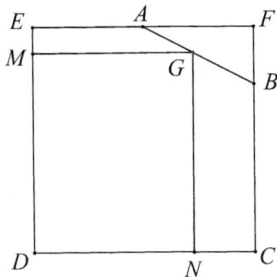

【考点涉及】二次函数的实际应用.

【错解呈现】如图,延长NG交EF于点P.

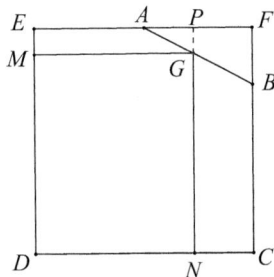

设$GN = x$,则$PG = 400 - x$,

在$\triangle AFB$中,因为$PG \parallel FB$,

所以$\frac{PG}{FB} = \frac{AP}{AF}$,则$\frac{AP}{PG} = \frac{AF}{FB} = \frac{200}{100} = 2$.

所以$AP = 2PG = 800 - 2x$,

$EA = EF - AF = 200$,$GM = EP = EA + AP = 1\,000 - 2x$,所以矩形$GMDN$的面积为

$$S_{矩形GMDN} = GN \cdot MG = x(1\,000 - 2x)$$

$$= -2(x - 250)^2 + 125\,000.$$

所以当 $x = 250$，即 $GN = 250\,\mathrm{m}$ 时，面积取得最大值，最大值为 $125\,000\,\mathrm{m}^2$.

【寻错索因】同学们在解决二次函数的实际问题时，常常因忽视自变量的取值范围而造成失误. 上述错解显然是忽视了"点 G 在 AB 上移动"这个条件，因为 $AF = 200, BF = 10$，所以 $CB \leqslant GN \leqslant CF$，即 $300 \leqslant GN \leqslant 400$，故 GN 是取不到 250 的. 四基性失误：认知能力存在缺陷. 心理性失误：考虑问题不够缜密.

【正解参考】如图，延长 NG 交 EF 于点 P.

设 $GN = x$，则 $PG = 400 - x$，

在 $\triangle AFB$ 中，因为 $PG \parallel FB$，

所以 $\dfrac{PG}{FB} = \dfrac{AP}{AF}$，则 $\dfrac{AP}{PG} = \dfrac{AF}{FB} = \dfrac{200}{100} = 2.$

所以 $AP = 2PG = 800 - 2x.$

又 $EA = EF - AF = 200$，$GM = EP = EA + AP = 1\,000 - 2x$，所以矩形 $GMDN$ 的面积为

$$S_{\text{矩形}GMDN} = GN \cdot MG = x(1\,000 - 2x) = -2(x - 250)^2 + 125\,000.$$

由题意可知，点 G 在 AB 上移动，则 $300 \leqslant GN \leqslant 400$.

抛物线 $y = -2(x - 250)^2 + 125\,000$ 的对称轴为 $x = 250$，

当 $300 \leqslant x \leqslant 400$ 时，y 随 x 的增大而减小，

所以当 $x = 300$ 时，y 取得最大值，最大值为 $y_{\max} = 120\,000$，

所以当 $GN = 300\,\mathrm{m}$ 时，公园的面积达到最大，最大值为 $120\,000\,\mathrm{m}^2$.

【反思明理】在二次函数的实际应用中，自变量的取值范围很重要. 对于实际问题中的自变量，取值范围往往不是所有实数，必须根据题意确定范围，再结合二次函数图象在对称轴两侧的增减性讨论分析，从而得出最优解.

案例 13　九年级(3)班数学兴趣小组经过市场调查，整理出某种商品在第 x 天 ($1 \leqslant x \leqslant 90$，且 x 为整数) 的售价与销售量的相关信息如下. 已知商品的进价为 30 元/件，设该商品的售价为 y(单位：元/件)，每天的销售量为 p(单

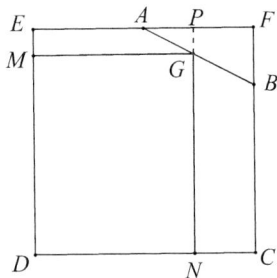

位:件),每天的销售利润为 w(单位:元).

时间 x/天	1	30	60	90
每天销售量 p/件	198	140	80	20

(1)求出 w 与 x 的函数关系式;

(2)问销售该商品第几天时,当天的销售利润最大? 并求出最大利润.

(3)该商品在销售过程中,共有多少天每天的销售利润不低于 5 600 元? 请直接写出结果.

【考点涉及】二次函数的应用,一元一次不等式的应用.

【错解呈现】(1)设商品的售价 y 与时间 x 的函数关系式为 $y = kx + b(k,b$ 为常数且 $k \neq 0)$,

　　∵ 函数 $y = kx + b$ 经过点 $(0,40),(50,90)$,

　　∴ $\begin{cases} b = 40, \\ 50k + b = 90, \end{cases}$ 解得 $\begin{cases} k = 1, \\ b = 40. \end{cases}$

　　∴ 售价 y 与时间 x 的函数关系式为 $y = x + 40$.

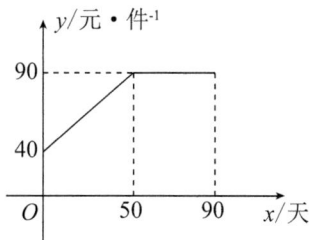

由数据可知,每天的销售量 p 与时间 x 成一次函数关系,

设销售量 p 与时间 x 的函数关系式为 $p = mx + n$(m,n 为常数,且 $m \neq 0$),

　　∵ 函数 $p = mx + n$ 图象经过点 $(60,80),(30,140)$,

　　∴ $\begin{cases} 60m + n = 80, \\ 30m + n = 140, \end{cases}$ 解得 $\begin{cases} m = -2, \\ n = 200. \end{cases}$

　　∴ $p = -2x + 200(0 \leqslant x \leqslant 90,$ 且 x 为整数$)$.

则 $w = (y - 30) \cdot p = (x + 40 - 30) \cdot (-2x + 200)$

$= -2x^2 + 180x + 2\,000$.

(2)由(1)可知 $w = -2x^2 + 180x + 2\,000 = -2(x - 45)^2 + 6\,050$,

　　∵ $a = -2 < 0$,且 $0 \leqslant x \leqslant 50$,

　　∴ 当 $x = 45$ 时,w 取得最大值,最大值为 6 050 元.

即销售第 45 天时,当天获得的销售利润最大,最大利润是 6 050 元.

（3）令 $w = -2x^2 + 180x + 2\,000 \geqslant 5\,600$，

即 $-2x^2 + 180x - 3\,600 \geqslant 0$，

解得 $30 \leqslant x \leqslant 50, 50 - 30 + 1 = 21$（天）.

故该商品在销售过程中，共有21天每天的销售利润不低于5 600元.

【寻错索因】二次函数在实际问题中的应用，要充分考虑实际问题中自变量的取值范围. 本题中，商品的售价与时间之间构成分段函数关系，故需要分段解答，而不能以第一段的关系式代替整个取值范围内的关系式. 心理性失误：审题浮躁，理解肤浅. 逻辑性失误：思维不严谨，推理不严密.

【正解参考】（1）当 $0 \leqslant x \leqslant 50$ 时，设商品的售价 y 与时间 x 的函数关系式为 $y = kx + b(k, b$ 为常数，且 $k \neq 0)$.

∵ 函数 $y = kx + b$ 经过点 $(0, 40), (50, 90)$，

∴ $\begin{cases} b = 40, \\ 50k + b = 90, \end{cases}$ 解得 $\begin{cases} k = 1, \\ b = 40. \end{cases}$

∴ 售价 y 与时间 x 的函数关系式为 $y = x + 40$.

当 $50 < x \leqslant 90$ 时，$y = 90$，

∴ 售价 y 与时间 x 的函数关系式为 $y = \begin{cases} x + 40 \left(0 \leqslant x \leqslant 50, \text{且} x \text{为整数}\right), \\ 90 \left(50 < x \leqslant 90, \text{且} x \text{为整数}\right). \end{cases}$

由数据可知每天的销售量 p 与时间 x 成一次函数关系.

设销售量 p 与时间 x 的函数关系式为 $p = mx + n(m, n$ 为常数，且 $m \neq 0)$，

∵ 函数 $p = mx + n$ 经过点 $\left(60, 80\right), \left(30, 140\right)$，

∴ $\begin{cases} 60m + n = 80, \\ 30m + n = 140, \end{cases}$ 解得 $\begin{cases} m = -2, \\ n = 200. \end{cases}$

∴ $p = -2x + 200(0 \leqslant x \leqslant 90, \text{且} x \text{为整数})$，

∴ 当 $0 \leqslant x \leqslant 50$ 时，$w = (y - 30) \cdot p = (x + 40 - 30) \cdot (-2x + 200)$

$= -2x^2 + 180x + 2\,000$；

当 $50 < x \leqslant 90$ 时，$w = (90 - 30) \cdot (-2x + 200) = -120x + 12\,000$.

∴ 综上所示，每天的销售利润 w 与时间 x 的函数关系式是

$$w = \begin{cases} -2x^2 + 180x + 2\,000 & (0 \leqslant x \leqslant 50,\text{且}x\text{为整数}), \\ -120x + 12\,000 & (50 < x \leqslant 90,\text{且}x\text{为整数}). \end{cases}$$

(2) 当 $0 \leqslant x \leqslant 50$ 时，$w = -2x^2 + 180x + 2\,000 = -2(x - 45)^2 + 6\,050$．

∵ $a = -2 < 0$，且 $0 \leqslant x \leqslant 50$，

∴ 当 $x = 45$ 时，w 取得最大值，最大值为 $6\,050$ 元．

当 $50 < x \leqslant 90$ 时，$w = -120x + 12\,000$．

∵ $k = -120 < 0$，w 随 x 的增大而减小，

∴ 当 $x = 50$ 时，w 取得最大值，最大值为 $6\,000$ 元．

∵ $6\,050 > 6\,000$，

∴ 当 $x = 45$ 时，w 取得最大值，最大值为 $6\,050$ 元．

即销售第 45 天时，当天获得的销售利润最大，最大利润是 $6\,050$ 元．

(3) 当 $0 \leqslant x \leqslant 50$ 时，令 $w = -2x^2 + 180x + 2\,000 \geqslant 5\,600$，

即 $-2x^2 + 180x - 3\,600 \geqslant 0$，

解得 $30 \leqslant x \leqslant 50$，

$50 - 30 + 1 = 21$（天）；

当 $50 < x \leqslant 90$ 时，令 $w = -120x + 12\,000 \geqslant 5\,600$，

即 $-120x + 6\,400 \geqslant 0$，

解得 $50 < x \leqslant \dfrac{160}{3}$．

∵ x 为整数，

∴ $50 < x \leqslant 53$，$53 - 50 = 3$（天）．

综上可知，$21 + 3 = 24$（天）．

故该商品在销售过程中，共有 24 天每天的销售利润不低于 $5\,600$ 元．

【反思明理】有关函数的实际问题一定要注意自变量的取值范围，通常会有两个方面的限制：实际问题中的条件限制；函数本身的取值限制．

易错点六　不理解抛物线平移规律

案例14 把抛物线 $y = -2x^2$ 先向右平移 1 个单位长度，再向上平移 2 个

单位长度后所得函数的表达式为( )

    A. $y = -2(x + 1)^2 + 2$ B. $y = -2(x + 1)^2 - 2$

    C. $y = -2(x - 1)^2 + 2$ D. $y = -2(x - 1)^2 - 2$

【考点涉及】二次函数的图象与几何变换.

【错解呈现】错解1:把抛物线 $y = -2x^2$ 先向右平移1个单位长度,再向上平移2个单位长度后,得到 $y = -2(x + 1)^2 + 2$,故选A.

错解2:把抛物线 $y = -2x^2$ 先向右平移1个单位长度,再向上平移2个单位长度后,得到 $y + 2 = -2(x + 1)^2$,化简得 $y = -2(x + 1)^2 - 2$,故选B.

【寻错索因】本题考查了二次函数图象与几何变换的知识点.上述两类错误解答显然是没有弄清抛物线平移的规律,对左右平移、上下平移的符号记忆不准确.四基性失误:认知结构存在缺陷.心理性失误:观察不仔细,知识点掌握不透彻.

【正解参考】把抛物线 $y = -2x^2$ 先向右平移1个单位长度,再向上平移2个单位长度后,所得函数的表达式为 $y = -2(x - 1)^2 + 2$,故选C.

【反思明理】函数图象的平移我们主要从两个方面去考虑:上下平移(沿 y 轴方向)和左右平移(沿 x 轴方向).平移规律是:左加右减,上加下减.但是同学们在平时的学习中,很容易受数轴左负右正的影响,左右平移时经常出现"左减右加"的错误,或是上下平移时符号出错.

案例15　在平面直角坐标系中,将抛物线 $y = x^2 + 2x + 3$ 绕着它与 y 轴的交点旋转 $180°$,所得抛物线的解析式是( )

    A. $y = -(x + 1)^2 + 2$ B. $y = -(x - 1)^2 + 4$

    C. $y = -(x - 1)^2 - 2$ D. $y = -(x + 1)^2 + 4$

【考点涉及】二次函数的图象与几何变换.

【错解呈现】原抛物线的解析式可变为 $y = (x + 1)^2 + 2$,

∴ 抛物线与 y 轴交点的坐标为 $(0, 3)$.

又抛物线绕着它与 y 轴的交点旋转 $180°$,

∴ 新的抛物线与原抛物线的开口方向相反,且与 y 轴的交点上下对称,

∴新的抛物线与 y 轴的交点的坐标为 $(0,-3)$,

∴新的抛物线解析式为 $y = -x^2 + 2x - 3 = -(x-1)^2 - 2$.

故选 C.

【寻错索因】本题考查了二次函数图象与旋转变换的知识点. 旋转变换是整个图形的旋转,而不是图形上某个部分或者某个元素的旋转. 四基性失误:认知结构存在缺陷. 心理性失误:观察不仔细,知识点掌握不透彻.

【正解参考】原抛物线的解析式可变为 $y = (x+1)^2 + 2$,

∴顶点坐标为 $(-1,2)$,抛物线与 y 轴交点的坐标为 $(0,3)$.

又抛物线绕着它与 y 轴的交点旋转 $180°$,

∴新的抛物线的顶点坐标与原抛物线的顶点

坐标关于点 $(0,3)$ 成中心对称.

∴新的抛物线的顶点坐标为 $(1,4)$,

∴新的抛物线解析式为 $y = -(x-1)^2 + 4$.

故选 B.

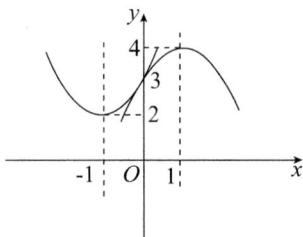

【反思明理】二次函数图象进行旋转变换时,需抓住旋转的三个基本要素:旋转中心、旋转方向、旋转角度. 要同时考虑旋转的性质和抛物线的特征,不可笼统地以点代线,以偏概全.

易错点七 选择二次函数解析式不当致错

案例 16 已知抛物线的顶点为 $(1,-3)$,且它与 y 轴的交点为 $(0,-2)$,求此抛物线的函数解析式.

【考点涉及】待定系数法求二次函数的解析式.

【错解呈现】因为抛物线的顶点为 $(1,-3)$,所以设抛物线的解析式为 $y = a(x+1)^2 - 3$,

又抛物线与 y 轴的交点为 $(0,-2)$,代入得 $-2 = a(0+1)^2 - 3$,解得 $a = 1$.

故抛物线的函数解析式为 $y = (x+1)^2 - 3$,即 $y = x^2 + 2x - 2$.

【寻错索因】上述解答忽视了顶点横坐标的符号,从而造成错解. 四基性失误:基本活动经验不足.心理性失误:思维定式.

【正解参考】由于抛物线的顶点为 $(1, -3)$,则设抛物线的解析式为 $y = a(x - 1)^2 - 3$,

又抛物线与 y 轴的交点为 $(0, -2)$,代入得 $-2 = a(0 - 1)^2 - 3$,解得 $a = 1$,

故抛物线的函数解析式为 $y = (x - 1)^2 - 3$,即 $y = x^2 - 2x - 2$.

【反思明理】对于二次函数 $y = ax^2 + bx + c$,进行配方可以变形为 $y = a\left(x + \dfrac{b}{2a}\right)^2 + \dfrac{4ac - b^2}{4a}$,顶点坐标为 $\left(-\dfrac{b}{2a}, \dfrac{4ac - b^2}{4a}\right)$,需特别注意不要将横坐标 $-\dfrac{b}{2a}$ 错写成 $\dfrac{b}{2a}$.

案例 17 若二次函数 $y = mx^2 + 4x + m - 1$ 的图象有最低点,且最低点的纵坐标为 -4,则实数 m 的值为 _____.

【考点涉及】二次函数的顶点及图象的特征.

【错解呈现】抛物线 $y = ax^2 + bx + c$ 的顶点坐标为 $\left(-\dfrac{b}{2a}, \dfrac{4ac - b^2}{4a}\right)$,可知最低点的纵坐标为 $\dfrac{4ac - b^2}{4a}$.由题意得 $\dfrac{4m(m - 1) - 16}{4m} = -4$,即 $m^2 + 3m - 4 = 0$,解得 $m_1 = -4, m_2 = 1$,故实数 m 的值为 -4 或 1.

【寻错索因】上述错解忽视了题设中一个关键词"最低点",函数图象有最低点,说明图象开口向上,则二次项系数必须大于 0,而 $m = -4$ 时,函数图象开口向下,应有最高点.四基性失误:思考问题不够缜密,忽略题中隐含的限定条件.

【正解参考】抛物线 $y = ax^2 + bx + c$ 的顶点坐标为 $\left(-\dfrac{b}{2a}, \dfrac{4ac - b^2}{4a}\right)$,可知最低点的纵坐标为 $\dfrac{4ac - b^2}{4a}$.由题意得 $\dfrac{4m(m - 1) - 16}{4m} = -4$,即 $m^2 + 3m - 4 = 0$,解得 $m_1 = -4, m_2 = 1$,又因为该函数图象有最低点,则抛物线的开口向上,即 $m > 0$,$\therefore m = 1$.

【反思明理】利用二次函数解析式的特征解决问题,一定要充分挖掘题目中的条件,不能忽略任何一个条件,否则可能会造成错解.题中涉及最低点问题,一般情况下,都应该考虑图象的开口方向.

案例18 已知抛物线在x轴上所截线段长为4,顶点坐标为$(2,4)$,求这个函数的解析式.

【考点涉及】二次函数的解析式.

【错解呈现】由抛物线在x轴上所截线段长为4,

可知该抛物线与x轴的两个交点坐标分别为$(-2,0),(2,0)$.

设抛物线的解析式为$y = ax^2 + bx + c$,且经过点$(-2,0),(2,0),(2,4)$,

由待定系数法,可得
$$\begin{cases} 4a - 2b + c = 0, \\ 4a + 2b + c = 0, \\ 4a + 2b + c = 4, \end{cases}$$

(针对该三元一次方程组出现疑问,无法继续求解……)

【寻错索因】抛物线在x轴上所截线段并非关于原点对称,即由此条件不能得出抛物线与x轴的两个交点的坐标.这个错误的推导过程直接导致后面出现方程组的无解情况.四基性失误:基本活动经验不足.心理性失误:思维定式.

【正解参考】解法1:由已知可得$x = 2$是抛物线的对称轴,

又抛物线在x轴上所截线段长为4,

因此直线$x = 2$平分长度为4的线段,

即抛物线与x轴的交点为$(0,0)$和$(4,0)$.

设抛物线的解析式为$y = a(x - 0)(x - 4)$,

又抛物线的顶点坐标为$(2,4)$,

代入得$a(2 - 0)(2 - 4) = 4$,解得$a = -1$,

故抛物线的解析式为$y = -1 \times (x - 0)(x - 4)$,

即$y = -x^2 + 4x$.

解法2:已知抛物线的顶点坐标为$(2,4)$,

则可设$y = a(x - 2)^2 + 4$.

设抛物线与x轴的两个交点分别为$(x_1,0),(x_2,0)$,

令 $y = a(x - 2)^2 + 4 = 0$, 即 $ax^2 - 4ax + 4(a + 1) = 0$,

由抛物线在 x 轴上所截线段长为4,

则 $|x_1 - x_2| = \sqrt{(x_1 + x_2)^2 - 4x_1x_2} = \sqrt{16 - \dfrac{16(a + 1)}{a}} = 4$,

化简,解得 $a = -1$.

故抛物线的解析式为 $y = -1 \times (x - 2)^2 + 4 = -x^2 + 4x$.

【反思明理】二次函数是初中数学的一个重要内容,也是高中数学的一个重要基础.熟练地求出二次函数的解析式是解决二次函数问题的重要保证.

二次函数的解析式有四种基本形式:

(1)一般式: $y = ax^2 + bx + c(a \neq 0)$.

(2)顶点式: $y = a(x - h)^2 + k(a \neq 0)$,其中点 (h, k) 为顶点,对称轴为直线 $x = h$.

(3)交点式: $y = a(x - x_1)(x - x_2)(a \neq 0)$,其中 x_1, x_2 是抛物线与 x 轴的交点的横坐标.

(4)对称点式: $y = a(x - x_1)(x - x_2) + m(a \neq 0)$. 其中图象经过点 (x_1, m) 和点 (x_2, m).

案例19 已知二次函数的图象经过原点及点 $\left(-\dfrac{1}{2}, -\dfrac{1}{4}\right)$,且图象与 x 轴的另一交点到原点的距离为1,求该二次函数的解析式_____.

【考点涉及】待定系数法求二次函数的解析式.

【错解呈现】由于函数图象经过坐标原点,可设函数的解析式为 $y = ax^2 + bx$,

∵函数图象与 x 轴的另一交点到原点的距离为1,

且该图象过点 $\left(-\dfrac{1}{2}, -\dfrac{1}{4}\right)$ 和 $(1, 0)$.

由待定系数法,可得 $\begin{cases} \dfrac{1}{4}a + \dfrac{1}{2}b = -\dfrac{1}{4}, \\ a + b = 0. \end{cases}$

解得 $\begin{cases} a = -\dfrac{1}{3}, \\ b = \dfrac{1}{3}. \end{cases}$ 即解析式为 $y = -\dfrac{1}{3}x^2 + \dfrac{1}{3}x$.

【寻错索因】图象与 x 轴的另一交点到原点的距离为 1,并不能确定该交点在原点的左右位置.因此,需要分情况来讨论,即在原点左边的一个单位,或者右边的一个单位.四基性失误:基本活动经验不足.心理性失误:思维定式.

【正解参考】由于函数图象经过坐标原点,可设函数解析式为 $y = ax^2 + bx$,

∵ 函数图象与 x 轴的另一交点到原点的距离为 1,该交点可以是 $(-1,0)$ 或 $(1,0)$,且该图象过点 $\left(-\dfrac{1}{2}, -\dfrac{1}{4}\right)$.

① 当函数图象经过 $\left(-\dfrac{1}{2}, -\dfrac{1}{4}\right)$ 和 $(-1,0)$ 时,可得 $\begin{cases} \dfrac{1}{4}a - \dfrac{1}{2}b = -\dfrac{1}{4}, \\ a - b = 0, \end{cases}$

解得 $\begin{cases} a = 1, \\ b = 1, \end{cases}$ 即解析式为 $y = x^2 + x$.

② 当函数图象经过 $\left(-\dfrac{1}{2}, -\dfrac{1}{4}\right)$ 和 $(1,0)$ 时,可得 $\begin{cases} \dfrac{1}{4}a - \dfrac{1}{2}b = -\dfrac{1}{4}, \\ a + b = 0, \end{cases}$

解得 $\begin{cases} a = -\dfrac{1}{3}, \\ b = \dfrac{1}{3}, \end{cases}$ 即解析式为 $y = -\dfrac{1}{3}x^2 + \dfrac{1}{3}x$.

则该二次函数的解析式为 $y = x^2 + x$ 或 $y = -\dfrac{1}{3}x^2 + \dfrac{1}{3}x$.

【反思明理】求二次函数的解析式一般用待定系数法,但需要根据不同条件,设出恰当的解析式:(1)若给出抛物线上的任意三点,通常可设一般式 $y = ax^2 + bx + c\,(a \neq 0)$.(2)若给出抛物线的顶点坐标或对称轴或最值,通常可设顶点式 $y = a(x - h)^2 + k\,(a \neq 0)$,其中点 (h,k) 为顶点,对称轴为直线 $x =$

h.(3)若给出抛物线与x轴的交点、或与对称轴的交点、或图象与x轴的交点距离,通常可设交点式$y = a(x - x_1)(x - x_2)(a \neq 0)$,其中$x_1, x_2$是抛物线与$x$轴的交点的横坐标.(4)若已知二次函数图象上的两个对称点,则设成对称点式$y = a(x - x_1)(x - x_2) + m(a \neq 0)$,其中图象经过点$(x_1, m)$和点$(x_2, m)$.

易错点八 忽略二次函数增减性是以对称轴为分界线

案例20 若x的取值范围是$-3 \leqslant x \leqslant 0$,求二次函数$y = x^2 + 4x + 5$的最小值和最大值.

【考点涉及】二次函数的最值.

【错解呈现】当$x = -3$时,$y = (-3)^2 + 4 \times (-3) + 5 = 2$;

当$x = 0$时,$y = 0^2 + 4 \times 0 + 5 = 5$.

所以当$-3 \leqslant x \leqslant 0$时,二次函数$y = x^2 + 4x + 5$的最小值和最大值分别为2和5.

【寻错索因】抛物线的开口向上,且对称轴$x = -\dfrac{4}{2} = -2$,在x的取值范围内,因此该函数的最小值应在该顶点处取得.上述解法是同学们最容易出现的一类错解,误认为顶点的函数值就是该函数的最值,而忽略了函数的对称轴是否在x的取值范围内.四基性失误:基本活动经验不足.心理性失误:思维定式.

【正解参考】函数$y = x^2 + 4x + 5$的对称轴为$x = -\dfrac{4}{2} = -2$,

在原条件的x的取值范围内,且抛物线的开口向上,

所以当$x = -2$时,函数取得最小值$y_{\min} = (-2)^2 + 4 \times (-2) + 5 = 1$.

抛物线关于直线$x = -2$对称,且$x = -3$到对称轴的距离小于$x = 0$到对称轴的距离,

根据函数值在对称轴两边的增减性质可知,

当$x = 0$时,$y_{\max} = 0^2 + 4 \times 0 + 5 = 5$.

综合以上分析,当$-3 \leqslant x \leqslant 0$时,二次函数$y = x^2 + 4x + 5$的最小值和最

大值分别为1和5.

【反思明理】求解二次函数的最值问题,通常有以下两大类:

(1)如果自变量的取值范围是全体实数,那么函数在顶点处取得最大值(或最小值),

即当 $x = -\dfrac{b}{2a}$ 时,$y_{最值} = \dfrac{4ac - b^2}{4a}$.

(2)如果自变量的取值范围是 $x_1 \leqslant x \leqslant x_2$,那么首先要看 $x = -\dfrac{b}{2a}$ 是否在自变量取值范围 $x_1 \leqslant x \leqslant x_2$ 内,若在此范围内,则当 $x = -\dfrac{b}{2a}$ 时,$y_{最值} = \dfrac{4ac - b^2}{4a}$;若不在此范围内,则需要考虑函数在 $x_1 \leqslant x \leqslant x_2$ 范围内的增减性. 如果不在此范围内,y 随 x 的增大而增大,则当 $x = x_2$ 时,$y_{\max} = ax_2^2 + bx_2 + c$,当 $x = x_1$ 时,$y_{\min} = ax_1^2 + bx_1 + c$;如果不在此范围内,$y$ 随 x 的增大而减小,则当 $x = x_1$ 时,$y_{\max} = ax_1^2 + bx_1 + c$,当 $x = x_2$ 时,$y_{\min} = ax_2^2 + bx_2 + c$.

易错点九　忽视分类讨论思想

案例21 若函数 $y = mx^2 + (m + 2)x + \dfrac{1}{2}m + 1$ 的图象与 x 轴只有一个交点,则 m 的值为(　　)

A. 0　　　　　B. 0或2　　　　　C. 2或-2　　　　　D. 0,2或-2

【考点涉及】函数的图象,根的判别式,分类讨论思想.

【错解呈现】根据题意,得 $\Delta = (m + 2)^2 - 4m\left(\dfrac{1}{2}m + 1\right) = 0$,且 $m \neq 0$,

解得 $m = \pm 2$,故选C.

【寻错索因】题目并没有说明函数 y 是什么函数,很多同学碰到这类交点个数问题都会犯上述错误,想当然地认为该函数就是二次函数.四基性失误:基本活动经验不足.心理性失误:思维定式.

【正解参考】(1)当函数 y 是二次函数时,

因为函数 $y = mx^2 + (m + 2)x + \dfrac{1}{2}m + 1$ 的图象与 x 轴只有一个交点,

所以 $\Delta = (m + 2)^2 - 4m(\frac{1}{2}m + 1) = 0$,且 $m \neq 0$,解得 $m = \pm 2$;

(2)当函数 y 是一次函数时,

有 $m = 0$,此时函数解析式是 $y = 2x + 1$,函数图象和 x 轴只有一个交点.

因此,$m = 0$ 或 $m = \pm 2$,故选 D.

【反思明理】本题考查了抛物线与 x 轴的交点、根的判别式的应用,用了分类讨论思想,题目比较常规,但是也比较容易出错.对于这类含有字母参数的函数交点问题,很多同学会由于思维定式,思考问题不周密,忽视了分类讨论.如果题设没有说明是一次函数还是二次函数,一定要分情况讨论,避免漏解.

案例22 在平面直角坐标系中,直线 $y = 4x + 4$ 与 x 轴、y 轴分别交于点 A,B,抛物线 $y = ax^2 + bx - 3a$ 经过点 A,将点 B 向右平移 5 个单位长度,得到点 C.(1)求点 C 的坐标;(2)求抛物线的对称轴;(3)若抛物线与线段 BC 恰有一个公共点,结合函数图象,求 a 的取值范围.

【考点涉及】二次函数的图象与性质.

【错解呈现】(1) 令 $x = 0$,代入直线 $y = 4x + 4$,得 $y = 4$. $\therefore B(0, 4)$.

$\because$ 将点 B 向右平移 5 个单位长度得到点 C,

$\therefore C(5, 4)$.

(2) 令 $y = 0$,代入直线 $y = 4x + 4$,得 $x = -1$,

$\therefore A(-1, 0)$.

将点 $A(-1, 0)$ 代入抛物线 $y = ax^2 + bx - 3a$,得

$0 = a - b - 3a$,即 $b = -2a$.

$\therefore$ 抛物线的对称轴为 $x = -\dfrac{b}{2a} = -\dfrac{-2a}{2a} = 1$.

(3)如图,将 $x = 0$ 代入抛物线,得 $y = -3a$.

$\because$ 抛物线与线段 BC 恰有一个公共点,

$\therefore -3a < 4$,即 $a > -\dfrac{4}{3}$.

将 $x = 5$ 代入抛物线,得 $y = 12a$,

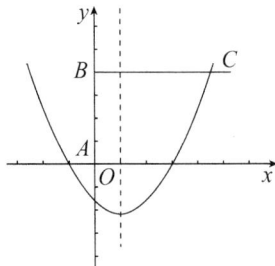

$\therefore 12a \geqslant 4$，即 $a \geqslant \dfrac{1}{3}$.

【寻错索因】对于题中的抛物线 $y = ax^2 + bx - 3a$ 来说，并不知道其开口方向，因此函数图象与线段 BC 的交点问题就需要分情况来讨论.四基性失误：基本活动经验不足.

【正解参考】(1) 同上. (2) 同上.

(3) $\because$ 抛物线始终过点 $A(-1,0)$，且对称轴为 $x = 1$，

由抛物线的对称性可知，抛物线也一定过点 A 的对称点 $(3,0)$.

① 如图1，当 $a > 0$ 时，

将 $x = 0$ 代入抛物线，得 $y = -3a$.

$\because$ 抛物线与线段 BC 恰有一个公共点，

$\therefore -3a < 4$，即 $a > -\dfrac{4}{3}$.

将 $x = 5$ 代入抛物线，得 $y = 12a$，

$\therefore 12a \geqslant 4$，即 $a \geqslant \dfrac{1}{3}$.

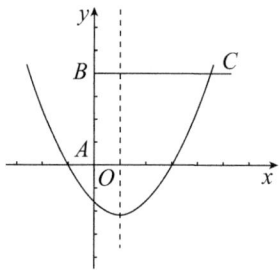

图1

② 如图2，当 $a < 0$ 时，

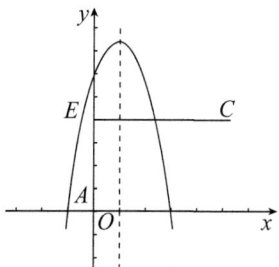

图2

将 $x = 0$ 代入抛物线,得 $y = -3a$.

∵ 抛物线与线段 BC 恰有一个公共点,

∴ $-3a > 4$,

∴ $a < -\dfrac{4}{3}$.

③如图3,当抛物线顶点在线段 BC 上时,

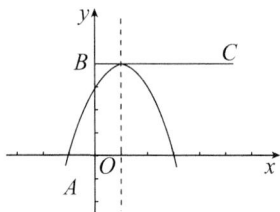

图3

则顶点为 $(1, 4)$.

将点 $(1, 4)$ 代入抛物线,得

$4 = a - 2a - 3a$,

∴ $a = -1$.

综上所述,$a \geqslant \dfrac{1}{3}$ 或 $a < -\dfrac{4}{3}$ 或 $a = -1$.

【反思明理】二次函数综合应用题,我们要考虑到方方面面的条件限制,很多情况下,由于条件的不唯一或者所给条件的不确定,我们要根据实际情况进行分类讨论.例如,本题中的函数的二次项系数不明确,因此要对 a 的符号进行讨论.

第四单元　统计与概率

　　　　统计与概率学研究的对象、研究的思路、研究的方式,以及获得的研究结论,都与过去学生所接触的数学内容有本质的不同.以往学生学习的代数、几何属于"确定性"数学,学习统计与概率主要依赖逻辑思维和演绎方法,它们在培养学生的计算能力、逻辑思维能力、空间观念方面发挥着重要作用.

　　　　初中阶段统计与概率的学习分三学段.第一学段,对数据统计过程有所体验,掌握一些简单数据的收集,整理和描述,感受事件发生的不确定性和可能性;第二学段,经历简单数据的统计过程,会根据数据分析的结果做出判断与预测,能计算一些简单事件发生的可能性;第三学段,从数据的收集、整理与描述的过程中,体会抽样的必要性,用样本估计总体,进一步体会概率的意义,能计算简单事件发生的概率.

第1课 抽样与数据分析

★ 知识点——应知应懂 ★

1. 利用全面调查与抽样调查（以抽样调查为重点）收集和整理数据

(1)了解全面调查与抽样调查两种收集数据的方式,会设计简单的问卷调查.

(2)体会抽样的必要性,了解简单随机抽样,体会用样本估计总体的思想.

2. 利用统计图表（以直方图为重点）描述数据

(1)会制作扇形图,能用统计图直观、有效地描述数据.

(2)了解频数及频数分布的意义,能画频数分布直方图(等距分组的情形),能利用频数分布直方图解释数据中蕴含的信息.

(3)会根据问题需要选择合适的统计图描述数据,进一步体会统计图在描述数据中的作用.

3. 利用平均数、加权平均数、中位数、众数、方差等分析数据

(1)理解平均数、中位数和众数的统计意义.

(2)会计算中位数、众数、加权平均数,能选择适当的统计量表示数据的集中趋势.

(3)理解方差的统计意义,会计算简单数据的方差.

(4)会用样本平均数、方差估计总体平均数、方差,进一步感受抽样的必要性,体会用样本估计总体的思想.

(5)从事收集、整理、描述和分析数据得出结论的统计活动,经历数据处理的基本过程,体验统计与生活的联系,感受统计在生活和生产中的作用,养成用数据说话的习惯和实事求是的科学态度.

★ 易错点——辨误明理 ★

(1)数据的收集方式选择不当致错.

(2)混淆样本、样本容量、个体、总体概念致错.

(3)样本选择不当出错.

(4)混淆频数和频率概念致错.

(5)制作频数分布表时不能正确分组致错.

(6)不能正确读取图表信息致错.

(7)对加权平均数中的"权"理解不透.

(8)平均数、中位数、众数中,只有"众数"不具有唯一性.

(9)不能根据实际需要正确地选择统计量反映数据情况.

★ 析案例——避误纠错 ★

易错点一 数据的收集方式选择不当致错

案例1 下列调查中,最适合采用全面调查(普查)方式的是( )

A.对重庆初中学生每天阅读时间的调查

B.对端午节期间市场上粽子质量情况的调查

C.对某批次手机防水功能的调查

D.对某九年级三班学生肺活量情况的调查

【考点涉及】全面调查与抽样调查.

【错解呈现】对端午节期间市场上粽子质量情况的调查关系到人民的生命安全,有现实意义,应采用普查,故选B.

【寻错索因】出错的原因是没有正确理解抽样调查和全面调查的区别,B项调查的对象人数众多,若采用普查,费时费力,意义不大,没有必要选用普查.四基性失误:全面调查与抽样调查概念不清致错.

【正解参考】A.对重庆初中学生每天阅读时间的调查,工作量大,适合抽样调查,此选项错误;

B.对端午节期间市场上粽子质量情况的调查,工作量很大,有破坏性,适合抽样调查,此选项错误;

C.对某批次手机防水功能的调查,破坏性比较强,适合抽样调查,此选项错误;

D.对某九年级三班学生肺活量情况的调查,工作量不大,适合全面调查,此选项正确.

故选D.

【反思明理】本题考查了抽样调查和全面调查的区别,选择全面调查还是抽样调查要根据所要考查的对象的特征灵活选用,一般来说,对于具有破坏性的、无法进行普查的或普查的意义不大的调查,应选择抽样调查,对于精度要求高的调查、事关重大的调查往往选用普查.

案例2 下列采用的调查方式中,不合适的是( )

A.为了了解全国中学生的身高状况,采用抽样调查的方式

B.对载人航天器"神舟六号"零部件的调查,采用全面调查的方式

C.医生要了解某病人体内含有病毒的情况,需抽血进行化验,采用全面调查的方式

D.为了了解人们保护水资源的意识,采用抽样调查的方式

【考点涉及】全面调查与抽样调查.

【错解呈现】"神舟六号"零部件非常多,全面调查工作量大,且有破坏性,适合抽样调查.故选B.

【寻错索因】选项B,对载人航天器"神舟六号"零部件的调查,意义重大,应采用全面调查,故此选项正确.四基性失误:全面调查与抽样调查优缺点认识不清致错.

【正解参考】选项C,了解某病人体内含有病毒的情况,若采用全面调查,则需要抽完病人全部的血,显然不合适,应采用抽样调查的方式.

故选 C.

【反思明理】本题考查了抽样调查和全面调查的应用,首先要清楚抽样调查和全面调查的概念,其次要明了两种调查方式的优缺点,如下表所示:

	全面调查（普查）	抽样调查
优点	通过调查总体来收集数据,调查的结果准确	通过调查样本来收集数据,工作量小,便于进行
缺点	工作量大,难度大,而且有些调查不宜使用普查	调查结果往往不如普查得到的结果准确

易错点二　混淆样本、样本容量、个体、总体概念致错

案例 3　今年我市近 4 万名考生参加中考,为了解这些考生的数学成绩,从中抽取 1 000 名考生的数学成绩进行统计分析,以下说法正确的是（　　）

A.这 1 000 名考生是总体的一个样本　　B.近 4 万名考生是总体

C.每位考生的数学成绩是个体　　D.1 000 名学生是样本容量

【考点涉及】总体、个体、样本、样本容量.

【错解呈现】由题意知抽取的样本是 1 000 名考生,故选 A.

【寻错索因】选 A 是不清楚样本的概念;选 B 是不清楚总体的概念;选 D 是不清楚样本容量的概念.四基性失误:对总体、个体、样本、样本容量的概念理解不清致错.

【正解参考】题目提到"为了解这些考生的数学成绩",故研究对象为"考生的数学成绩",而不是"考生",选项 A 与 B 错误;样本容量是样本中数据的"个数",没有单位,选项 D 错误,故选 C.

【反思明理】本题考查了总体、个体、样本、样本容量的概念,正确理解概念是关键,总体、个体、样本等考查的对象是一样的,只是范围的大小不一样;样本容量表示数量,没有单位.

易错点三　样本选择不当出错

案例4　在"生命安全"主题教育活动中,为了解甲、乙、丙、丁四所学校学生对安全知识的掌握情况,小丽制定了如下方案,你认为最合理的是(　　)

A.抽取乙校初二年级学生进行调查

B.在丙校随机抽取600名学生进行调查

C.随机抽取150名老师进行调查

D.在四个学校各随机抽取150名学生进行调查

【考点涉及】抽样调查的可靠性.

【错解呈现】在丙校随机抽取600名学生进行调查,是随机抽取,样本容量也大,具有代表性,故选B.

【寻错索因】我们要了解的是"甲、乙、丙、丁四所学校学生对安全知识掌握情况",选项A只能说明乙校初二年级对安全知识的掌握情况;选项B只能说明丙校学生对安全知识的掌握情况;选项C只能说明教师对安全知识掌握情况,故以上三项都不具有代表性和广泛性.四基性失误:对抽样调查的可靠性理解不透.

【正解参考】选项D,在四个学校均随机抽取150名学生,具有代表性和广泛性,故选D.

【反思明理】本题主要是考查抽样调查的可靠性,要注意抽样必须具有代表性、随机性、广泛性.

易错点四　混淆频数和频率概念致错

案例5　有60个数据,把它们分成六组,第一、二、三、四、五、六组的数据个数分别是$7,9,x,13,10,6$,则第三组的频率为＿＿＿＿.

【考点涉及】频数和频率.

【错解呈现】根据题意得,第三组数据的个数$x=60-(7+9+13+10+6)=15$,故答案为15.

【寻错索因】混淆了频数和频率的概念,求出的15是第三组的数据个数,即第三组的"频数",将频数15除以60才是第三组的频率.四基性失误:对混淆频数和频率的概念理解不清.

【正解参考】根据题意得,第三组数据的个数x=60-(7+9+13+10+6)=15,故第三组的频率为15÷60=0.25.故答案为0.25.

【反思明理】本题是对频率、频数灵活运用的综合考查.要清楚概念:(1)一批数据中落在某个小组内数据的个数称为该组的频数;(2)如果一批数据共有n个,而其中某一组数据是m个,那么$\frac{m}{n}$就是该组数据在这批数据中出现的频率.各小组频数之和等于数据总和,各小组频率之和等于1.

易错点五 **制作频数分布表时不能正确分组致错**

案例6 王小丽测量了班上所有同学的身高,最高为173 cm,最矮为147 cm,她想为全班同学的身高情况制作频数分布表,分组时取组距为5 cm,她应将这组数据分成_____组.

【考点涉及】组距和组数.

【错解呈现】因为$\frac{173-147}{5}=5.2\approx5$,所以分5组.

【寻错索因】分组时,没有采取"进一法",分组错误.四基性错误:未掌握分组方法.

【正解参考】根据最大数与最小数的差与组距的关系,得$\frac{173-147}{5}=5.2$,分组时要采取"进一法",共分成5+1=6(组).

【反思明理】本题考查了组距和组数,先要弄清楚概念:(1)组距是指每个小组的两个端点间的距离;(2)组数=$\frac{\text{最大数}-\text{最小数}}{\text{组距}}$,当$\frac{\text{最大数}-\text{最小数}}{\text{组距}}$为小数时,要采取"进一法",确定组数,列频数分布表的关键是分组.一般地,数据在100以内时,常分成5~12组,应注意每个数据只能落在一个小组内.

易错点六 不能正确读取图表信息致错

案例7 某校学生自主建立了一个学习用品义卖平台,已知九年级部分学生义卖所得金额的频数分布直方图如图所示,根据图中信息,有下列说法:①共统计了270名该校九年级学生义卖情况;②义卖金额为30~40元的人数最多;③义卖金额为10~20元的学生数占总人数的 $\frac{1}{10}$;④有130名学生的义卖金额不超过30元.其中说法正确的是_____.(填序号)

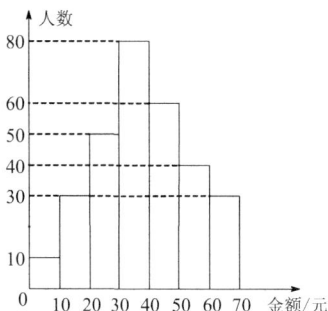

【考点涉及】频数分布直方图.

【错解呈现】10+30+40+50+60+80=270,故①正确;30~40元对应的柱最高,故②正确;10~20元的学生数为30,总人数为270,而 $\frac{30}{270}=\frac{1}{9}$,故③错误;30元以内的人数有10+30+40+50=130,故④正确.故填:①②④.

【寻错索因】错选①是误以为人数为30的只有一组,其实有两组;在选①的情况下,③必然会算错;错选④是将人数为40的一组的金额也认为在30元以下.心理性失误:审题不清,没认真看清图形数据,导致失误.

【正解参考】总人数为10+30+50+80+60+40+30=300人,故①错误;义卖金额为30~40元的人数最多,为80人,故②正确;义卖金额为10~20元的人数为30,总人数为300,而 $\frac{30}{300}=\frac{1}{10}$,故③正确;义卖金额不超过30元的人数为10+30+50=90,故④错误.故填:②③④.

【反思明理】本题考查读频数分布直方图的能力和利用统计图获取信息

的能力.利用统计图获取信息时,必须认真观察、分析、研究统计图,才能做出正确的判断和解决问题.

案例8 某中学1 000名学生参加了"环保知识竞赛",为了了解本次竞赛成绩情况,从中抽取了部分学生的成绩(得分取整数,满分为100分)作为样本进行统计,并制作了如下频数分布表和频数分布直方图(不完整且局部污损,其中"■"表示被污损的数据).

成绩分组	频数	频率
$50 \leqslant x < 60$	8	0.16
$60 \leqslant x < 70$	12	a
$70 \leqslant x < 80$	■	0.5
$80 \leqslant x < 90$	3	0.06
$90 \leqslant x \leqslant 100$	b	c
合计	■	1

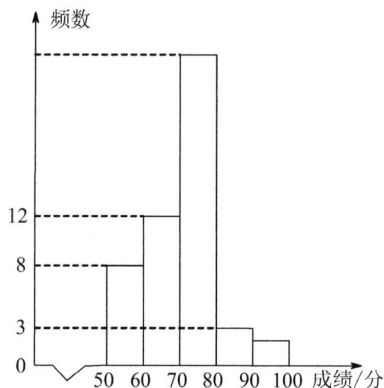

请解答下列问题:

(1)写出a,b,c的值;

(2)请估计这1 000名学生中有多少人的竞赛成绩不低于70分.

【考点涉及】频数分布表,频数分布直方图,用样本估计总体.

【错解呈现】(1)由频数分布直方图可以看出:第三组($70 \leqslant x < 80$)的柱高是第二组($60 \leqslant x < 70$)柱高的两倍,故第三组的频数为24;第五组的柱高比第四组矮一点,故第五组的频数$b=2$.因此抽取的学生数为8+12+24+3+2=49,则

$a = \dfrac{12}{49} \approx 0.24, c = \dfrac{2}{49} \approx 0.04.$ 所以 $a \approx 0.24, b = 2, c \approx 0.04.$

（2）由频数分布直方图可知：竞赛成绩不低于70分的人数有24+3+2=29，所以估计这1 000名学生中有29人的竞赛成绩不低于70分.

【寻错索因】第(1)题没有利用统计表中第一组或第四组的已知数据求数据的个数(样本容量)，进而求 a, b, c 的值，仅通过对频数分布直方图的观察得出结论；第(2)题由于第(1)题数据错误导致计算样本中竞赛成绩不低于70分的人数错误，而且没有用样本估计总体. 心理性失误：审题浮躁，观察不仔细，不能正确读取图表信息.

【正解参考】(1)由第一组知抽取的学生数为8÷0.16=50，则 $a = 12 \div 50 = 0.24$，第三组人数为 $50 \times 0.5 = 25$，所以 $b = 50 - 8 - 12 - 25 - 3 = 2$，则 $c = 2 \div 50 = 0.04.$ 所以 $a = 0.24, b = 2, c = 0.04.$

（2）所抽取的学生中竞赛成绩不低于70分的人数有25+3+2=30，所以估计这1000名学生中竞赛成绩不低于70分的人数为 $\dfrac{30}{50} \times 1000 = 600$（人）.

【反思明理】此题主要考查了频数分布表、频数分布直方图、用样本估计总体知识点，根据图表获取正确信息是解题关键.

易错点七　对加权平均数中的"权"理解不透

案例9　我市某校初三年级有16个班,在中考前进行了一次模拟测试,分别求得各个班级学生成绩的平均数,它们不完全相同,下列说法中正确的是(　　)

A.将16个平均成绩之和除以16,就得到全年级学生的平均成绩

B.这16个平均成绩的中位数就是全年级学生的平均成绩

C.这16个平均成绩的众数不可能是全年级学生的平均成绩

D.全年级学生的平均成绩一定在这16个平均成绩的最小值与最大值之间

【考点涉及】算术平均数,加权平均数,中位数,众数.

【错解呈现】A.

【寻错索因】全年级学生的平均成绩等于所有学生成绩的和除以学生人数,由于这16个班的人数不一定相等,所以每个班级的平均数所代表的人数不一定相同(即"权"不一定相同),将16个平均成绩之和除以16,得到的不一定是全年级学生的平均成绩.四基性失误:认知结构存在缺陷,对"加权平均数"中的"权"理解不到位.

【正解参考】A.由于这16个班的人数不一定相等,所以每个班级的平均数所代表的人数不一定相同,而全年级学生的平均成绩应等于所有学生成绩的和除以学生人数;

B.这16个平均成绩的中位数不一定是全年级学生的平均成绩;

C.众数是一组数据中出现次数最多的数,能反映数据的集中程度,平均数也能反映数据的集中程度,两者是有可能相等的;

D.由于全年级学生的平均成绩等于所有学生成绩的和除以学生人数,故全年级学生的平均成绩一定在这十个平均成绩的最小值与最大值之间.

故选D.

【反思明理】本题考查了平均数、中位数、众数的相关知识点,它们有可能相等,也可能不相等.其中,正确理解加权平均数中"权"的概念是解题的关键."权"就是数据在整体中的比重,比重不一样,平均数就不是算术平均数那么简单了.因此,计算时一定要考虑到比重.算术平均数是加权平均数的一种特殊情况,即每组数据占有比重相等时的加权平均数.

案例10 $x_1, x_2, x_3, \cdots, x_7$ 的平均数为 a, $x_8, x_9, x_{10}, \cdots, x_{17}$ 的平均数为 b,则 $x_1, x_2, x_3, \cdots, x_{17}$ 的平均数为( )

A. $a+b$　　　B. $\dfrac{a+b}{2}$　　　C. $\dfrac{7a+17b}{24}$　　　D. $\dfrac{7a+10b}{17}$

【考点涉及】算术平均数,加权平均数.

【错解呈现】B.

【寻错索因】平均数为 a 的表示的是7个数字的平均数,平均数为 b 的表示的是10个数字的平均数,因此,它们的比重不一样,即"权"不一样.四基性失误:认知结构存在缺陷.对"加权平均数"中的"权"理解不到位.

【正解参考】因为前7个数的和为$7a$,后10个数的和为$10b$,所以17个数的平均数为$\dfrac{7a+10b}{17}$.

故选 D.

【反思明理】先求前7个数的和,再求后10个数的和,然后利用平均数的定义求出17个数的平均数.因此,正确理解算术平均数的概念是解题关键.每小组数据总数不一样,是不能用简单的算术平均数来求解的,要加入对"权"的计算.

案例11 某市号召居民节约用水,为了解居民用水情况,随机抽查了20户家庭某月的用水量,结果如表,则这20户家庭这个月的平均用水量是_____t.

用水量/t	4	5	6	8
户数	3	8	4	5

【考点涉及】统计表,加权平均数.

【错解呈现】这20户家庭这个月的平均用水量是$\dfrac{4+5+6+8}{4}$=5.75(t).故填:5.75.

【寻错索因】没有理解题意,错用了平均数公式.所有20户家庭这个月的平均用水量不仅与每户用水量有关,还与每类用水量的户数有关,所以要使用加权平均数公式计算求解.四基性失误:认知结构存在缺陷.对"加权平均数"中的"权"理解不到位.

【正解参考】这20户家庭这个月的平均用水量是$\dfrac{4\times3+5\times8+6\times4+8\times5}{20}$=5.8(t).故填:5.8.

【反思明理】当所给各组数据中有些数据是重复的,就要使用加权平均数公式计算,解答的关键是求出所有数的和,然后除以数据的总个数即可.本题表格的第二行的数表示第一行相应的数出现的次数,即"权".

易错点八 **平均数、中位数、众数中，只有"众数"不具有唯一性**

案例 12 一组数据：1,3,4,5,4,9,7,8,7,10.则其众数是_____,中位数是_____.

【考点涉及】众数,中位数.

【错解呈现】众数:1,3,4,5,4,9,7,8,7,10的众数是4;

中位数:将数据从小到大排列为1,3,4,4,5,7,7,8,9,10,处于中间位置的数据是5和7,所以中位数是5和7.

【寻错索因】众数虽然跟数据的顺序无关,但是排序能更方便地观察相同的数字,以找出出现次数最多的数;中位数对于一组数据来说是唯一的,奇数个数据则取中间数,偶数个数据则取中间两个数的平均数.四基性失误:认知结构存在缺陷.对众数、中位数的定义掌握不细致所致.

【正解参考】众数:1,3,4,5,4,9,7,8,7,10中,4和7都出现2次,出现次数最多,故这组数据的众数是4和7;

中位数:将数据从小到大排列为1,3,4,4,5,7,7,8,9,10,处于中间位置的数据是5和7,所以中位数是5和7的平均数6.

【反思明理】本题考查了统计中众数、中位数的计算.解题的关键是掌握计算公式和方法.注意:众数是指出现次数最多的数,在一组数据中有时出现次数最多的会有多个,所以众数也会有多个,众数不具有唯一性;但中位数是唯一的,找它的关键在于按大小排序.

案例 13 中考体育考试前,小红练习跳绳,她五次跳绳的成绩(单位:个)如下:190,210,210,x,x,已知这组数的平均数和中位数相等,则x的值为_____.

【考点涉及】算术平均数,中位数.

【错解呈现】这组数据为190,210,210,x,x,中位数是210.

∴190+210+210+x+x=5×210,解得x=220.

故填:220.

【寻错索因】上述解答过程看似没有问题,但条件并没有说这组数是按从小到大的顺序排列的,因此需要分类讨论.四基性失误:认知结构存在缺陷,对中位数的定义掌握不细致.

【正解参考】①当 x 最小时,按从小到大排序为 $x,x,190,210,210$,中位数是190,

∴$x+x+190+210+210=5×190$,解得 $x=170$.

②当 $190≤x≤210$ 时,按从小到大排序为 $190,x,x,210,210$,中位数是 x,

∴$x+x+190+210+210=5x$,解得 $x=\dfrac{610}{3}$.

∵跳绳个数 x 为整数,故 $x=\dfrac{610}{3}$ 不合题意,舍去.

③当 x 最大时,按从小到大排序为 $190,210,210,x,x$,中位数是210,

∴$x+x+190+210+210=5×210$,解得 $x=220$.

故填:170或220.

【反思明理】本题考查了平均数和中位数的定义.正确运用分类讨论思想是解答本题的关键.根据中位数找法,分三种情况讨论:①x 最小;②$190≤x$ $≤210$;③x 最大.然后列方程、解方程即可.注意找中位数时首先需要排好顺序,然后根据是奇数个数还是偶数个数来确定中位数.如果数据有奇数个数,则正中间的数字即为所求;如果数据有偶数个数,则取中间两数的平均数.

易错点九 不能根据实际需要正确地选择统计量反映数据情况

案例14 为了从甲、乙两名同学中选拔一人参加市中学生射击比赛,学校对他们的射击水平进行了测试,两人在相同条件下各射击10次,命中的环数如下:

甲成绩(环数)	7	8	6	8	6	5	9	10	7	4
乙成绩(环数)	9	5	7	8	7	6	8	6	7	7

请你用所学过的统计学知识分析说明,选谁去参加比赛比较合适.

【考点涉及】平均数,方差.

【错解呈现】甲的平均环数为$\overline{x_1}$=(7+8+6+8+6+5+9+10+7+4)÷10=7，

乙的平均环数为$\overline{x_2}$=(9+5+7+8+7+6+8+6+7+7)÷10=7.

∵$\overline{x_1}=\overline{x_2}$，∴两人中选谁去参加比赛都一样.

【寻错索因】上述错解是没有深刻理解统计量的意义.到底选谁去参赛需看两人的成绩谁更稳定，也就是波动更小，当平均数相同时，我们要选用方差来判断.四基性失误:认知不全面，对方差的意义、作用理解不透彻.

【正解参考】甲的平均环数为$\overline{x_1}$=(7+8+6+8+6+5+9+10+7+4)÷10=7，

方差为$s_1^2 = \dfrac{1}{10}\big[(7-7)^2 + (8-7)^2 + (6-7)^2 + (8-7)^2 + (6-7)^2 +$

$(5-7)^2 + (9-7)^2 + (10-7)^2 + (7-7)^2 + (4-7)^2\big] = 3.$

乙的平均环数为$\overline{x_2}$=(9+5+7+8+7+6+8+6+7+7)÷10=7，

方差为$s_2^2 = \dfrac{1}{10}\big[(9-7)^2 + (5-7)^2 + (7-7)^2 + (8-7)^2 + (7-7)^2 +$

$(6-7)^2 + (8-7)^2 + (6-7)^2 + (7-7)^2 + (7-7)^2\big] = 1.2.$

∵$\overline{x_1}=\overline{x_2}, s_1^2 > s_2^2$，

∴乙的成绩比甲的成绩稳定，故选乙去参加比赛比较合适.

【反思明理】平均数、中位数和众数都能反映一组数据的集中趋势情况，方差能反映一组数据的离散程度.平均数、中位数和众数都容易受到数据中少数数据变化的影响，而方差可以较全面地反映数据的离散程度.因此，数学中常用方差来刻画数据的离散程度，判断数据的稳定性.

案例15　已知一组数据x_1, x_2, x_3, x_4, x_5的平均数是2，中位数是1.5，方差是2，那么另一组数据$3x_1 - 2, 3x_2 - 2, 3x_3 - 2, 3x_4 - 2, 3x_5 - 2$的平均数是_____，中位数是_____，方差是_____.

【考点涉及】算术平均数，中位数，方差.

【错解呈现】平均数：∵原数据的平均数是2，

∴新数据的平均数是$\overline{x} = \dfrac{1}{5}\big[3(x_1 + x_2 + x_3 + x_4 + x_5) - 10\big] = \dfrac{1}{5}(3 \times 2 \times 5 - 10) = 4.$

中位数：∵原数据的中位数是1.5，

∴新数据的中位数是3×1.5-2=2.5.

方差：∵原数据的方差是2,

∴新数据的方差是3×2-2=4.

【寻错索因】根据平均数、中位数和方差公式的变形来计算结果,不能单纯地将原数据中的各个参数直接按"3倍减2"得出,如方差不与数据的大小有关,只与数据的波动有关.四基性失误:认知结构存在缺陷,没有清晰理解数据参数间的意义.

【正解参考】平均数：∵原数据的平均数是2.

∴新数据的平均数是 $\bar{x} = \frac{1}{5}\left[3(x_1 + x_2 + x_3 + x_4 + x_5) - 10\right] = (3 \times 2 \times 5 - 10) = 4.$

中位数：∵原数据的中位数是1.5,

∴新数据的中位数是3×1.5-2=2.5.

方差：∵原数据的方差是2,

∴新数据的方差是

$$s^2 = \frac{1}{5}\left[(3x_1 - 2 - 4)^2 + (3x_2 - 2 - 4)^2 + (3x_3 - 2 - 4)^2 + (3x_4 - 2 - 4)^2 + (3x_5 - 2 - 4)^2\right]$$

$$= \frac{1}{5}\left[(3x_1 - 6)^2 + (3x_2 - 6)^2 + (3x_3 - 6)^2 + (3x_4 - 6)^2 + (3x_5 - 6)^2\right]$$

$$= \frac{1}{5}\left[9(x_1 - 2)^2 + 9(x_2 - 2)^2 + 9(x_3 - 2)^2 + 9(x_4 - 2)^2 + 9(x_5 - 2)^2\right]$$

$$= \frac{1}{5} \times 9\left[(x_1 - 2)^2 + (x_2 - 2)^2 + (x_3 - 2)^2 + (x_4 - 2)^2 + (x_5 - 2)^2\right]$$

$$= 9 \times 2 = 18.$$

故填：4,2.5,18.

【反思明理】本题重点考查方差计算公式的运用.一般地,设有n个数据$x_1, x_2, x_3, \cdots, x_n$,若每个数据都放大或缩小相同的倍数后再加或减一个数,其平均数、中位数也有相应的变化,而方差则变为这个倍数的平方倍.根据相应的公式进行计算即可得到正确结果,不能根据自己的想象去计算.因此,要正确地理解平均数、中位数、方差的区别,不能简单地根据数据变化的和、差、积、商关系来计算新数据的平均数、中位数、方差的值,应该正确运用公式,进行合理代换.

案例16　某青年自主创业,开了一家销售空调的店.2018年6月开业,为了利于今后的经营,四个月后,他对每月各种品牌、不同类型空调的销售情况作了统计与分析,下表列出了其中单体式空调、壁挂式空调、立柜式空调的销售情况(单位:台):

时间	6月	7月	8月	9月
单体式空调销售量/台	100	140	130	110
壁挂式空调销售量/台	230	300	270	200
立柜式空调销售量/台	50	80	50	40

(1)计算各类空调的月平均销售量:

单体式空调_____台,壁挂式空调_____台,立柜式空调_____台.

根据计算结果分析,你认为哪类空调销量最高?

(2)请比较哪类空调销量最稳定;

(3)假如你是店主,在第二年的6月到9月期间,对这三类空调的进货量,你会有什么具体的想法?

【考点涉及】算术平均数,方差.

【错解呈现】(1)单体式空调月平均销售量为(100+140+130+110)÷4=120,

壁挂式空调月平均销售量为(230+300+270+200)÷4=250,

立柜式空调月平均销售量为(50+80+50+40)÷4=55,

壁挂式空调销量最高;

(2)单体式空调销量最稳定,始终保持在120台左右;

(3)多购进壁挂式空调.

【寻错索因】第(2)问中要求比较销量的稳定情况,不能仅依靠观察就得出结论;第(3)问没有考虑其他类型的空调,而且要考虑库存与资金等方面的情况.策略性失误:未切中本题本质,对概念的认知不全面.

【正解参考】(1)单体式空调月平均销售量为(100+140+130+110)÷4 =120,

壁挂式空调月平均销售量为(230+300+270+200)÷4=250,

立柜式空调月平均销售量为(50+80+50+40)÷4=55,

壁挂式空调销量最高;

(2)单体式空调月销售量方差为

$$s_1^2 = \frac{1}{4}\left[(100-120)^2 + (140-120)^2 + (130-120)^2 + (110-120)^2\right] = 250,$$

壁挂式空调月销售量方差为

$$s_2^2 = \frac{1}{4}\left[(230-250)^2 + (300-250)^2 + (270-250)^2 + (200-250)^2\right] = 1450,$$

立柜式空调月销售量方差为

$$s_3^2 = \frac{1}{4}\left[(50-55)^2 + (80-55)^2 + (50-55)^2 + (40-55)^2\right] = 225,$$

三类空调的方差依次为250、1450、225,立柜式空调销量最稳定;

(3)单体式空调每月购进100~140台,6月份、9月份少点,7月份、8月份多点;

壁挂式空调每月购进200~300台,6月份、9月份少点,7月份、8月份多点;

立柜式空调每月购进50台左右,7月份多点.

【反思明理】本题考查了平均数和方差在实际生活中的运用.一组数据的稳定性不能仅通过观察来得出结论,还要经过精确计算才能确定,方差最小才能说明最稳定.方差反映了一组数据的波动大小:方差越大,波动性越大;方差越小,波动性越小.切合题意选择数据才是正确的做法.

第2课 随机事件的概率

★ 知识点——应知应懂 ★

(1)理解概率的意义.

(2)理解事件的分类.

(3)掌握概率的计算.

(4)理解用频率估计概率.

(5)掌握概率的简单运用.

★ 易错点——辨误明理 ★

(1)树状图的画法错误.

(2)忽略事件的等可能性.

(3)"放回"与"不放回"相混淆.

(4)对事件的含义理解不清.

(5)与概率相关的综合题型.

★ 析案例——避误纠错 ★

易错点一 树状图的画法错误

案例1 家在铜陵的张老师"五一"假期准备先到芜湖,再从芜湖到南京游玩,已知从铜陵到芜湖有三条路 a,b,c,从芜湖到南京有两条路 d,e,若每条路的状况完全相同,请利用画树状图求出张老师刚好走 b,e 两条路的概率.

【考点涉及】树状图的画法,概率公式.

【错解呈现】树状图如下:

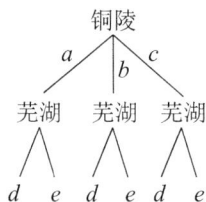

总共有6种等可能的结果,其中张老师刚好走 b,e 两条路的结果有1种,所以 $P($张老师刚好走 b,e 两条路$)=\dfrac{1}{6}$.

【寻错索因】在画树状图时,应选用同一标准,线条应当保持一致.四基性失误:对树状图的标准画法掌握不清.

【正解参考】树状图如下:

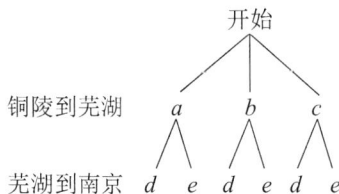

总共有6种等可能的结果,其中张老师刚好走 b,e 两条路的结果有1种,所以 $P($张老师刚好走 b,e 两条路$)=\dfrac{1}{6}$.

【反思明理】以树状图的标准画法为例,有些同学在平时的数学学习中书写不规范、解题格式混乱不清,这些都应该在平时的训练中加以摒弃.学生应做到思维的严谨,答题的规范.

易错点二 忽略事件的等可能性

案例2 某班级有1名男生和1名女生在校文艺演出中获得演唱奖,另有1名男生和2名女生获得演奏奖.从获得演唱奖和演奏奖的学生中分别选派1人领奖,则选派的两人都是女生的概率是_____.

【考点涉及】列举法求概率,概率公式.

【错解呈现】解法1:树状图如下:

由树状图可知,总共有4种等可能的结果,其中两人都是女生的情况有1种,所以P(两人都是女生)$=\dfrac{1}{4}$.

解法2:列表格如下:

		演唱奖	
		男	女
演奏奖	男	男,男	女,男
	女	男,女	女,女

由表格可知,总共有4种等可能的结果,其中两人都是女生的情况有1种,所以P(两人都是女生)$=\dfrac{1}{4}$.

【寻错索因】以上两种解法中的4种结果并非等可能的,因为将演奏奖中的2名女生当作1名女生了.在画树状图或列表时最好对2名女生进行编号,防止遗漏.四基性错误:忽略了事件的等可能性.

【正解参考】解法1:树状图如下:

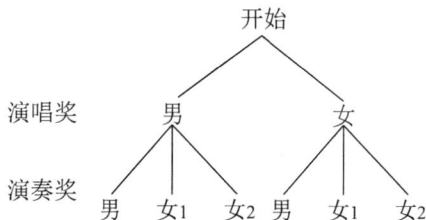

由树状图可知,总共有6种等可能的结果,其中两人都是女生的情况有2

种,所以P(两人都是女生)$=\dfrac{2}{6}=\dfrac{1}{3}$.

解法2:列表格如下:

		演唱奖	
		男	女
演奏奖	男	男,男	女,男
	女1	男,女1	女,女1
	女2	男,女2	女,女2

由表格可知,总共有6种等可能的结果,其中两人都是女生的情况有2

种,所以P(两人都是女生)$=\dfrac{2}{6}=\dfrac{1}{3}$.

【反思明理】因为演奏奖中选中男生和女生的可能性不同,即概率不相等,故不能采用上述错误解法.在计算事件的概率时,第一步需要确定所出现的结果是否为等可能的,第二步确定等可能结果的总数,第三步需确定研究的事件包含的子情况的个数,第四步套用概率公式求解.

案例3 两台机床加工同样的零件,第一台出现废品的概率是0.03,第二台出现废品的概率是0.02,加工出来的零件放在一起,并且已知第一台加工的零件比第二台加工的零件多一倍.求任意取出的零件是合格品的概率.

【考点涉及】用频率估计概率,概率公式.

【错解呈现】因为第一台出现合格品的概率是1-0.03=0.97,第二台出现合格品的概率是1-0.02=0.98,所以P(合格品)$=\dfrac{0.97+0.98}{2}=0.975$.

【寻错索因】若两台机床加工的零件数相等,则这种做法正确.但本题两台机床加工的零件数是不等的,所以要先求出两台机床合在一起的合格品总数,再除以零件总数.四基性失误:对事件的总体、个体的认识欠缺.心理性失误:审题不清,未弄清题目条件.

【正解参考】因为第一台出现合格品的概率是1-0.03=0.97,第二台出现合格品的概率是1-0.02=0.98,

设第一台机床、第二台机床加工的零件数分别为$2x,x$,

则 $P($合格品$)=\dfrac{0.97 \times 2x + 0.98x}{3x} \approx 0.973.$

答:任意取出的零件是合格品的概率是0.973.

【反思明理】根据概率计算公式,本题是用合格品的总数除以零件的总数,因此要正确计算出合格品的总数以及零件的总数.

易错点三 "放回"与"不放回"相混淆

案例4 在 $y^2□6y□9$ 中的两个空格"□"内,任意填上"+"或"−",则得到的代数式能构成完全平方式的概率等于_____,请写出所构成的完全平方式_____.

【考点涉及】用列举法求概率,概率公式,完全平方公式.

【错解呈现】共有两种可能性:"+,−""−,+",后者可以构成完全平方式.

所以,$P($构成完全平方式$)=\dfrac{1}{2}.$

故填:$\dfrac{1}{2}$,$y^2-6y+9.$

【寻错索因】根据题意,"任意填上"表示这是一个可"放回"的实验,即本题中的"+"与"−"可以重复使用.四基性失误:对"放回"与"不放回"的两种实验形式混淆不清.

【正解参考】共有4种可能性:"+,+""+,−""−,+""−,−",有两种可以构成完全平方式.所以 $P($构成完全平方式$)=\dfrac{2}{4} = \dfrac{1}{2}.$

故填:$\dfrac{1}{2}$;y^2+6y+9,$y^2-6y+9.$

【反思明理】要注意事件的类型是"放回"还是"不放回",若是"放回",两次或多次结果可以重复,反之不可重复.本题中"任意填上"这样的词语表示可"放回",在平时练习时要注意总结.

案例5 小刚将一黑一白两双相同尺码的袜子放进洗衣机里,洗好后一只一只拿出晾晒,当他随意从洗衣机里拿出两只袜子时,恰好成双的概率与不成双的概率哪个大?

【考点涉及】列举法求概率,概率公式.

【错解呈现】错解1:树状图如下:

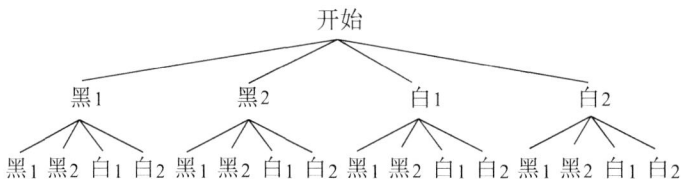

由树状图可知,总共有16种等可能的结果,其中成双的有8种,不成双的也有8种,所以$P(成双)=\dfrac{8}{16}=\dfrac{1}{2}$,$P(不成双)=1-\dfrac{1}{2}=\dfrac{1}{2}$,

因此,恰好成双的概率与不成双的概率一样大.

错解2:列表格如下:

		第一次			
		黑1	黑2	白1	白2
第二次	黑1	黑1,黑1	黑2,黑1	白1,黑1	白2,黑1
	黑2	黑1,黑2	黑2,黑2	白1,黑2	白2,黑2
	白1	黑1,白1	黑2,白1	白1,白1	白2,白1
	白2	黑1,白2	黑2,白2	白1,白2	白2,白2

由表格可知,总共有16种等可能的结果,其中成双的有8种,不成双的也有8种,所以$P(成双)=\dfrac{8}{16}=\dfrac{1}{2}$,$P(不成双)=1-\dfrac{1}{2}=\dfrac{1}{2}$,

因此,恰好成双的概率与不成双的概率一样大.

【寻错索因】根据题意,"一只一只拿出""随意从洗衣机里拿出两只",这是一个"不放回"的实验,第一次取到的袜子第二次就不能再取到了,即两次取到的袜子不可能是同一只.四基性失误:对"放回"与"不放回"的两种实验形式混淆不清.

【正解参考】解法1:树状图如下:

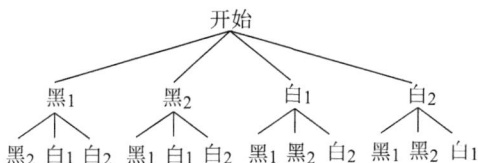

由树状图可知,总共有12种等可能的结果,其中恰好成双的情况有4种,所以 $P(成双)=\dfrac{4}{12}=\dfrac{1}{3}$,$P(不成双)=1-\dfrac{1}{3}=\dfrac{2}{3}$.

解法2:列表如下:

		第一次			
		黑1	黑2	白1	白2
第二次	黑1		黑2,黑1	白1,黑1	白2,黑1
	黑2	黑1,黑2		白1,黑2	白2,黑2
	白1	黑1,白1	黑2,白1		白2,白1
	白2	黑1,白2	黑2,白2	白1,白2	

由表格可知,总共有12种等可能的结果,其中恰好成双的情况有4种,所以 $P(成双)=\dfrac{4}{12}=\dfrac{1}{3}$,$P(不成双)=1-\dfrac{1}{3}=\dfrac{2}{3}$.

【反思明理】要注意事件的类型是"放回"还是"不放回",若是"放回",两次或多次结果可以重复,反之不可重复.

易错点四 对事件的含义理解不清

案例6 某校八年级将举行班级乒乓球对抗赛,每个班必须选派一对男女混合双打选手参赛.八年级一班准备在小娟、小敏、小华三名女选手和小明、小强两名男选手中,选男、女选手各一名组成一对参赛.如果小敏和小强的组合是最强组合,那么采用随机抽签的办法,恰好选出小敏和小强参赛的概率是多少?

【考点涉及】列举法求概率,概率公式.

【错解呈现】树状图如下:

由树状图可知,总共有8种等可能的结果,其中小敏和小强组合的情况有1种,所以 P(小敏和小强组合)$=\dfrac{1}{8}$.

【寻错索因】对题中"选男、女选手各一名组成一对参赛"这句话的意思理解不清.造成"选了小明,还选小强""选了小强,还选小明"这样的情况.心理性失误:审题不清,未弄清题意.

【正解参考】树状图如下:

由树状图可知,总共有6种等可能的结果,其中小敏和小强组合的情况有1种,所以 P(小敏和小强组合)$=\dfrac{1}{6}$.

【反思明理】在求某些事件的概率时,要做到认真审题,弄清题意,切不可断章取义、以偏概全.

案例7 在某电视台的一档栏目中有一种竞猜游戏,游戏规则是:在20个商标中,有5个商标牌的背面注明一定的奖金,其余商标牌的背面是一张"哭脸",若翻到"哭脸"就不获奖,参与这个游戏的观众有三次翻牌的机会,且翻过的商标牌不能再翻.有一位观众已翻牌两次,一次获奖,一次不获奖,那么这位观众第三次翻牌获奖的概率是(   )

A. $\dfrac{1}{2}$ B. $\dfrac{2}{9}$ C. $\dfrac{1}{4}$ D. $\dfrac{5}{18}$

【考点涉及】概率公式.

【错解呈现】在20个商标中,5个有奖金,故 P(第三次翻牌获奖)$=\dfrac{5}{20}=\dfrac{1}{4}$,选C.

【寻错索因】以上解法没有弄清本题事件的含义,没有做到认真审题,注意题中"已翻牌两次,一次获奖,一次不获奖",即只要在余下的18个中翻一个,而且18个中只有4个有奖金.心理性失误:审题不清,未弄清题意.

【正解参考】这位观众已翻牌两次,一次获奖,一次不获奖,那么还剩18个商标牌没有翻,其中4个有奖金,故 $P(第三次翻牌获奖) = \dfrac{1}{18}$.

【反思明理】要弄清事件的含义,必须认真读题,弄清条件,不能遇到概率题就想到画树状图,或者利用题中部分信息求概率.

案例8 扬州市体育中考现场考试内容有三项:50米跑为必测项目,另在立定跳远、实心球(二选一)和坐位体前屈、1分钟跳绳(二选一)中选择两项.

(1)每位考生有_____种选择方案;

(2)用画树状图或列表的方法求小明与小刚选择同种方案的概率.

(友情提醒:各种方案用 $A,B,\cdots$ 或(1),(2)$\cdots$ 等符号来代表可简化解答过程)

【考点涉及】列举法求概率,概率公式.

【错解呈现】(1)方案有:50米跑、立定跳远、坐位体前屈;50米跑、立定跳远、1分钟跳绳;50米跑、实心球、坐位体前屈;50米跑、实心球、1分钟跳绳.共4种.

故填:4.

(2)设 A 为50米跑、B 为立定跳远、C 为实心球、D 为坐位体前屈、E 为1分钟跳绳.

树状图如下:

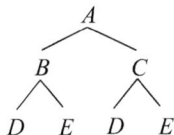

所有方案为4种,故 $P(选择同种方案) = \dfrac{1}{4}$.

【寻错索因】第(1)小题解法正确;第(2)小题是问"选择同种方案的概

率",而错解中A,B,C,D,E并非代表方案,实际上此树状图为第(1)小题的树状图.心理性失误:审题不清.

【正解参考】(1)方案有:50米跑、立定跳远、坐位体前屈;50米跑、立定跳远、1分钟跳绳;50米跑、实心球、坐位体前屈;50米跑、实心球、1分钟跳绳.共4种.

故填:4.

(2)设A代表:50米跑、立定跳远、坐位体前屈;B代表:50米跑、立定跳远、1分钟跳绳;C代表:50米跑、实心球、坐位体前屈;D代表:50米跑、实心球、1分钟跳绳.

树状图如下:

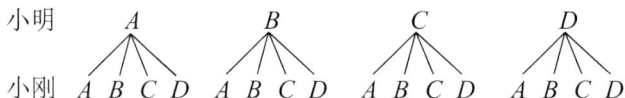

由树状图可知,所有等可能的情况有16种,其中小明与小刚选择同种方案的有4种,所以$P(选择同种方案)=\dfrac{4}{16}=\dfrac{1}{4}$.

【反思明理】求某个事件的概率时,一定要弄清本题中的事件是什么.本题中两小题的事件是不一样的,第(2)小题的事件是指第(1)小题结论中的4个方案.

易错点五　与概率相关的综合题型

案例9　如图,在方格纸中,随机选择标有序号①②③④⑤中的一个小正方体涂黑,与图中阴影部分构成轴对称图形的概率是(　　)

A. $\dfrac{1}{5}$　　　　B. $\dfrac{2}{5}$　　　　C. $\dfrac{3}{5}$　　　　D. $\dfrac{4}{5}$

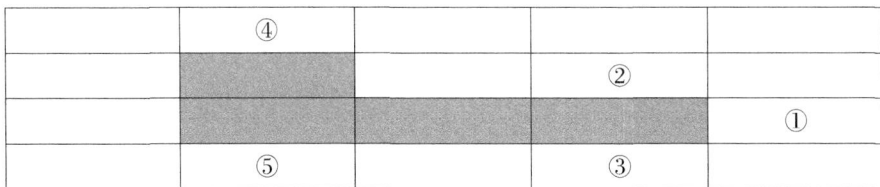

【考点涉及】轴对称,列举法求概率,概率公式.

【错解呈现】由图形可知涂黑②或⑤可与图中阴影部分构成轴对称图形,所以$P(构成轴对称图形)=\dfrac{2}{5}$.

【寻错索因】仔细观察,可知涂黑④也可与图中阴影部分构成轴对称图形.心理性失误:审题不清,观察不仔细,造成漏解现象.

【正解参考】由图形可知涂黑②或④或⑤可与图中阴影部分构成轴对称图形,所以$P(构成轴对称图形)=\dfrac{3}{5}$.

故选C.

【反思明理】当概率与其他数学知识综合考查时,要确保其他数学知识运用正确,再考虑概率问题.如本题因少了一种轴对称的情况,导致概率求错.

案例10 小红在地上画了半径为2 m和3 m的同心圆,如图,然后在一定距离外向圈内掷小石子,则掷中阴影部分的概率是_____.

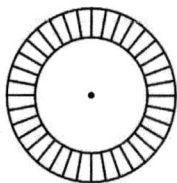

【考点涉及】圆的面积公式,环形面积计算公式,用频率估计概率.

【错解呈现】因为小圆的半径为2 m,大圆的半径为3 m,所以小圆的面积占大圆面积的$\dfrac{2}{3}$.因此,阴影面积占大圆面积的$\dfrac{1}{3}$,所以$P(掷中阴影)=\dfrac{1}{3}$.

【寻错索因】错解中只考虑了两个圆的半径,而没有从圆与环形的面积角度去考虑,应考虑环形的面积占大圆的面积比,用频率去估计概率.

心理性失误:审题不清,考虑问题不细致.

【正解参考】因为大圆的面积为$3^2\pi=9\pi(\text{m}^2)$,小圆的面积为$2^2\pi=4\pi(\text{m}^2)$,所以圆环的面积为$9\pi-4\pi=5\pi(\text{m}^2)$,圆环与大圆的面积比为$\dfrac{5\pi}{9\pi}=\dfrac{5}{9}$,故$P(掷$

中阴影)$=\dfrac{5}{9}$.

故填：$\dfrac{5}{9}$.

【反思明理】用频率估计概率时,要弄清具体问题中频率的计算方法.本题是用面积比来计算频率.

案例11 如图,随机闭合开关S_1,S_2,S_3中的两个,则能让两盏灯泡同时发光的概率为_____.

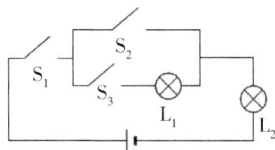

【考点涉及】并联电路,串联电路,列举法求概率,概率公式.

【错解呈现】同时闭合两个开关有S_1,S_2和S_1,S_3两种情况,能让两盏灯泡同时发光是闭合S_1,S_3.所以P(两盏灯泡同时发光)$=\dfrac{1}{2}$.

【寻错索因】受电路图的影响,认为必须选择S_1,造成只有两种情况的现象,实际上从数学角度思考,还有S_2,S_3这种情况.心理性失误：数学知识与物理知识相结合时,造成了思维上的混乱,出现错误.

【正解参考】同时闭合两个开关有S_1,S_2,S_1,S_3和S_2,S_3三种情况,能让两盏灯泡同时发光是闭合S_1,S_3.所以P(两盏灯泡同时发光)$=\dfrac{1}{3}$.

【反思明理】跨学科的问题不能受其中某个学科的影响,造成问题考虑不全面.本题"随机闭合开关S_1,S_2,S_3中的两个"应包含"同时闭合S_2,S_3".

案例12 某商场举行开业酬宾活动,设立了两个可以自由转动的转盘(如图,两个转盘均被等分),并规定顾客购买满188元的商品,即可任选一个转盘转动一次,转盘停止后,指针所指区域内容即为优惠方式;若指针所指区域空白,则无优惠.已知小张在该商场消费300元.

(1)若他选择转动转盘1,则他能得到优惠的概率为多少?

(2)选择转动转盘1和转盘2,哪种方式对于小张更合算,请通过计算加以说明.

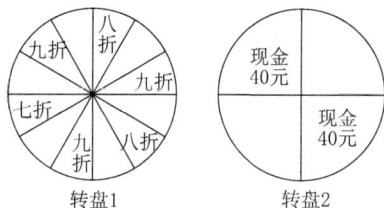

转盘1　　　　　转盘2

【考点涉及】列举法求概率,商品的折扣,加权平均数.

【错解呈现】(1)由转盘1可得,整个圆被平均分成了12个扇形,其中有6个扇形能享受折扣,所以 P(得到优惠)$=\dfrac{6}{12}=\dfrac{1}{2}$.

(2)由转盘1可得,最高七折,可优惠$(1-0.7)×300=90$(元);

由转盘2可得,最高优惠40元.

因为90>40,所以选择转动转盘1更合算.

【寻错索因】第(1)小题为正解;第(2)小题中,对转盘1只考虑了最高折扣"七折",而没有考虑其他折扣及没有折扣的情况.另外,没有考虑各种折扣的概率,综合以上,应考虑各种情况的平均值,转盘2应同样考虑.

心理性失误:审题不清,问题考虑不全面.四基性失误:不会灵活运用加权平均数.

【正解参考】(1)由转盘1可得,整个圆被平均分成了12个扇形,其中有6个扇形能享受折扣,所以 P(得到优惠)$=\dfrac{6}{12}=\dfrac{1}{2}$.

(2)转盘1可平均优惠$\dfrac{1}{12}[0.3+0.2×2+0.1×3]×300=25$(元);

转盘2可平均优惠$40×\dfrac{2}{4}=20$(元).

因为25>20,所以选择转动转盘1更合算.

【反思明理】转盘中的合算问题应综合考虑,不能只考虑优惠最高的,要考虑各种优惠的平均值.